(宋)蘇軾 撰

明成化本東坡七集

第九册

國家圖書館出版社

第九册目録

東坡集四十卷（卷第三十五—四十）

東坡集卷第三十五

祭文二十五首

祭歐陽伯和父文一首

祭石幼安文一首

祭司馬君實文一首

祭王宜甫文一首

祭范蜀公文一首

祭黄幾道文一首

祭歐陽文忠公夫人文一首

祭歐陽文忠公文一首

嗚呼哀哉公之生於世六十有六年民有父母國有著龜斯文有傳學者有師君子有所恃而不恐小人有所

畏而不為譬如大川喬嶽不見其運動而功利之及於
物者蓋不可以數計而周知今公之没也赤子無所仰
芘朝廷無所稽疑斯文化為異端而學者至於用夷君
子以為無為為善而小人沛然自以為得時譬如深淵
大澤龍亡而虎逝則變怪雜出舞鰌鱓而號狐狸昔其
未用也天下以為病而其既用也則又以為遲及其釋
位而去也莫不冀其復用至其請老而歸也莫不惆悵
失望而猶庶幾於萬一者幸公之未衰孰謂公無復有
意於斯世也奄一去而莫予遺豈厭世溷濁絜身而逝
乎將民之無禄而天莫之遺昔我先君懷寶遁世非公

則莫能致而不肖無狀因緣出入受教於門下者十有六年於茲聞公之喪義當匍匐往救而懷祿不去愧古人以忸怩緘詞千里以寓一哀而已矣蓋上以為天下慟而下以哭其私嗚呼哀哉尚享

祭魏國韓令公文一首

天生元聖必作之配有神司之不約而會既生堯舜禹稷自至　仁宗龍飛公舉進士妙齡秀發秉筆入侍公於是時仲舒賈誼方將登庸盜起西夏四方騷然帝用不赦授公鈇鉞往督西旅公於是時方叔召虎入贊兵政出殿大邦恩威並行春雨秋霜兵練民安四夷屈降

公於是時臨淮汾陽帝在明堂欲行王政群后奏功罔
底于成召自北方付之樞衡公於是時蕭曹魏邴二帝
山陵天下悖悩呼吸之間有雷有風有存有亡有兵有
戎公於是時伊尹周公功成而退三鎮偃息天下嗷然
曷日而復畢公在外心在王室房公且死征遼是䘏嗚
呼哀哉六月甲寅人之無禄喪我宗臣我有黎民誰與
教之我有子孫誰與保之巍巍堂堂盛復有之公之云
亡我無日矣慟哭涕流何嗟及矣昔我先子没于東京
公為二詩以祖其行文追典誥論極皇王公言一出孰
敢改評施及不肖待以國士非我自知公實見謂父子

昆弟並出公門公不責報我豈懷恩惟此涕泣寔哀斯人有肉在俎有酒在樽公歸在天盍聞我言嗚呼哀哉尚饗

祭柳子玉文一首

猗歟子玉南國之秀甚敏而文聲發自幼從橫武庫炳蔚文囿獨以詩鳴天錫雄咮元輕白俗郊寒島瘦嘹然一吟衆作卑陋凡今卿相伊昔朋舊平視青雲可到盍驟孰云坎軻白髮垂脰才高絕俗性疎來詬謫居窮山遂侶猩狖夜衾不絮朝甑絕餾慨然懷歸投弃纓綬潛山之麓往事神后道味自飴世芬莫齅凡世所欲有避

無就謂當乘除併畀之壽云何不淑命也誰咎頃在錢
塘惠然我覯相從半歲日飲醇酎朝遊南屏莫宿靈鷲
雪窓飢坐清闋間奏沙河夜歸霜月如晝綸巾鶴氅驚
笑吳婦會合之難如次組繡翻然失去覆水何救維子
耆老名德俱茂嗟我後來匪友惟媾子有令子將大子
後頎然二孫則謂我舅念子永歸涕如懸霤歌此奠詩
一樽徙侑尚享

祭單君貺文一首

嗚呼維君篤孝自天展如閔子人莫間言內齊于家外
敷于官民謂父兄吏莫容姦信于朋友人得其驩博學

工詩數術精研人涉其一君有其全壽考富貴人誰不

然君獨何辜所向竒偏志不一遂悵莫歸怨念我孤甥

生逢百艱既殯于君謂永百年云何不弔衘痛重泉何

以慰君千里一樽人生如夢何促何延厄窮何陋官達

何妍命也柰何追配牛顏嗚呼哀哉尚享

祭胡執中郎中文一首

胡君執中之靈君少在蜀從先府君凡蜀之士事賢友

仁我之知君固不待見從事于岐始識君面相從之歡

傾蓋百年見其孺子駒駿雛鵷非罪失官君則先去我

徂華州見君逆旅滛雨彌旬道淖没車他人為泣君樂

有餘其後七年君掾計省雖獲一笑歡不逾頃又復七年我守北徐君從其子徐獄是書雛鶱而翔駒亦千里惟我與君究其老矣老人無徒相見益親凡昔在岐今存幾人謂君仁人雖疾當壽云何而然命也難究嗚呼執中人誰不死如君之賢不云止此百鍊之剛日膾千牛匣而不用非我之羞孺子肖君世有令問送君一觴永歸無恨尚饗

祭任鈐轄文一首

嗟君結髮從事於兵四十餘年公侯干城吏嘗世故練達物情佐我治軍既嚴且平吏士肅然時靡有爭汴泗

橫流郛堞圮傾風埃霧露奔走經營輿疾而歸猶莫敢盜奄忽不救聞者歎驚子孫如林布褐藜羹生知其勤死知其清酹觴告訣與涕俱零尚享

祭歐陽仲純父文一首

仲純父之靈曰嗚呼哀哉文忠公之盛德子孫千億與宋無極人惟曰不足仲純父之賢壽考百年一歲九遷人惟曰當然柰何官止於一命壽不登四十誰其尸之百不償一嗚呼哀哉此不足云也仲純父之生也不以進退得喪有望於人豈其死也乃以死生壽夭有責於神人徒知其文章之世其家操行之稱其門而不知其

志氣之豪健議論之剛果使之臨大事立大節不難於
殺身以成仁則夫造物者之梜其死生之權也豈能病
君也哉雖然往者見君於潁水之上去歲君來見我於
國門之東携被夜語達旦不窮凡所以謀道憂世而教
我以保身遠慙者凛乎其有似於文忠今也奄兮忽焉
而不復見也能不長號而屢慟乎道之難行蓋難其人
豈無其人利害易之如仲純父不畏不慕獨立不懼則
死及之嗚呼哀哉尚饗

祭王君錫丈人文一首

公之皇祖孝著閭里迨茲百年世濟其美少相弟長老

相慈誨肅雍無間施及娣姒頎然四人厥德罔二軾始婚媾公之猶子允有令德夭閼莫遂惟公幼女嗣執罍篚恩厚義重宜有以報云何不淑契闊生死歛不拊棺葬不親襚豈不懷歸眷此微仕緘詞望哭以致奠醊惟此哀誠一念千里尚享

祭文與可文一首

年月日從表弟蘇軾謹以清酌庶羞之奠致祭于故湖州文府君與可學士兄之靈曰嗚呼哀哉與可能復飲此酒也夫能復賦詩以自樂鼓琴以自侑也夫嗚呼哀哉余尚忍言之氣噎悒而填胷淚疾下而淋衣忽收淚

以自問非夫人之為慟而誰為乎道之不行哀我無徒
豈無友朋逝莫告余惟余與可匪亟匪徐招之不來麾
之不去不可得而親其可得而踈之耶嗚呼哀哉孰能
惇德秉義如與可之和而正乎孰能養民厚俗如與可
之寬而明乎孰能為詩與楚詞如與可之婉而清乎孰
能齊寵辱忘得喪如與可之安而輕乎嗚呼哀哉余聞
訃之三日夜不眠而坐喟夢相從而驚覺滿茵薦之濡
涙念有生之歸盡雖百年其必至惟有文為不朽與有
子為不死雖富貴壽考之人未必皆有此二者也然余
甞聞與可之言是身如浮雲無去無來無亡無存則夫

所謂不朽與不死者亦何足云乎嗚呼哀哉尚饗

祭刁景純墓文一首

嗟我少君四十二歲君不我少謂我昆弟今我已老鬢須蒼然君之永歸不為無年我獨何憾過期而哭人之云亡哀此風俗涉江而東宛其山川顧瞻萬松蔚乎蒼芊尚想松下幅巾杖屨迎我于門抵掌笑語豈其忽焉歛茲一墳俛仰空山草木再春平生故人幾半天下紛然日中掉臂莫夜我非至人心有往來斗酒隻雞聊寫我哀尚享

祭張子野文一首

年月日蘇軾謹以清酌庶羞之奠昭告于故子野郎中張丈之靈仕而忘歸人所共蔽有志不果日月其逝惟余子野歸及強銳優遊故鄉若復一世遇人坦率眞古愷悌厖然老成又敏且藝清詩絕俗甚典而麗搜研物情刮發幽翳微詞宛轉蓋詩之裔坐此而窮鹽米不繼獻歌自得有酒輒詣我官于杭始獲擁篲歡欣忘年脫略苛細送我北歸屈指默計死生一訣流涕挽袂我來故國實五周歲不我少須一病遽蛻堂有遺像室無留嬖人亡琴廢帳空鶴唳酹觴再拜淚濫兩眥尚享

祭陳令舉文一首

嗚呼哀哉天之生令舉初若有意厚其學術而多其才能蓋已兼百人之器既發之以科舉又輔之以令名使取重於天下者若將畀之以位而令舉亦能因天之所予而日新之慨然將以身任天下之事夫豈獨其自任將世之士大夫識與不識莫不望其如是是何一奮而不顧以至於斥一斥而不復以至於死嗚呼哀哉天之所付為偶然而無意耶將亦有意而人之所以周旋委曲輔成其天者不至耶將天既生之以畀斯人而人不用故天復奪之而自使耶不然令舉之賢何為而不立何立而不遂使少見其毫末而出其餘弃必有驚世而

絶類者矣予與令舉別二年而令舉没既没三年而予
乃始一哭其殯而弔其子也嗚呼哀哉尚饗

祭任師中文一首

年月日眉陽陳慥蘇軾𡨚為王齊愈弟齊萬黄州進士
潘丙古耕道謹以茶果清酌之奠致祭于故瀘州太守
任大夫師中之靈曰允義大夫維蜀之珎詩之老成昜
之丈人去我十年其德日新庶一見之遽没元身惟慥
與軾匪友則親自丙以降昔惟州民旅哭于庭惻焉酸
辛禍福之來孰知其因自壽自夭自屈自信天莫為之
刿凡鬼神生榮死哀自昔所難持此令名歸于九原尚

饗

祭堂兄子正文一首

維元豐五年歲次壬戌正月癸未朔三日乙酉弟責授黃州團練副使軾謹以家饌酒果之奠昭告于故子正中舍大兄之靈昔我先伯父内行飭修閭里之師不剛不柔允武且文喜愠莫窺歴官十一民到于今涕泣懷思遇其所立仁者之勇雷霆不移篤生我兄和擾而毅甚似不衰與人之周肅雍謹絜喜見于眉人各有心酸鹹異嗜丹素相訾穆穆我兄尊賢容衆無適不宜天若不僣富貴壽考捨兄畀誰云何不淑而止於是命也可

疑我遷于南老與病會歸耕無期歛不撫棺葬不執紼永恨何追寤寐東山兩塋相望拱木參差諸父父子平生之好相從歲時兄死而同我生而異斯言孔悲千里一樽兄實臨我尚醻勿辭嗚呼哀哉尚享

黄州再祭文與可文一首

年月日從表弟具官蘇軾謹以清酌庶羞之奠昭告于亡友湖州府君與可學士文兄之靈嗚呼哀哉我官于岐實始識君甚口秀眉忠信而文志氣方剛談詞如雲一别五年君譽日聞道德爲膏以自濯薰藝學之多蔚如秋蕡脱口成章粲莫可耘馳騁百家錯落紛紜使我

羞歎筆硯為焚再見京師默無所云沓兮清深落其華
芬昔執我黍今熟其饋啜漓歌呼得渟而醺天力自然
不施膠筋坐了萬事氣回三軍笑我皇皇獨違垢紛俯
仰三州眷戀桑枌仁施草木信及麏麋昂然來歸獨立
無群俛焉復去初無戚欣大哉死生悽愴蒿焄君没談
笑大鈞徒勤喪之西歸我竄江濆何以薦君採江之芹
相彼日月有朝必曛我在茫茫凡幾合分盡此一觴歸
安于墳嗚呼哀哉尚享

祭徐君猷文一首

故黃州太守朝請徐公君猷之靈惟公蚤厭綺紈富以

三冬之學晚分符竹藹然兩郡之聲家世名臣始終循吏追繼襄陽之耆舊綽有建安之風流無鬼高談常傾滿坐有功陰德何止一人軾以惷愚自貽放逐妻孥之所竊笑親友幾於絕交爭席滿前無復十漿而五餽中流獲濟實賴一壺之千金曾報德之未皇已興哀於永訣平生髣髴尚陳中聖之觴厚夜渺茫徒挂初心之劔拊棺一慟嗚呼哀哉尚享

祭陳君式文一首

故致政大夫君式之靈猗歟大夫匪直也人矯然不隨以屈莫信大夫安之有命在天十年躬耕以娛其親親

亡泣血幾以喪明免喪復仕哀哉為貧從政于黃急吏
綏民食黃之薇飲其水泉我以重罪竄于江濵親舊擯
踈我亦自憎君獨願交日造我門我不自愛恐子垢紛
君笑絕纓陋哉斯言憂患之至期與子均示我數詩蕭
然絕塵去黃而歸即安丘園澹然無求抱潔没身猗歟
大夫有死有生如影之隨如環之循富貴貧賤忽如浮
雲孰皆有子如二子賢千里一觴侑以斯文尚享

祭蔡景繁文一首

嗚呼哀哉子之為人清厲孤峻經以仁義緯以忠信才
兼百夫斂以靜順子之事君悃欵傾盡挺然不倚視退

如進持其本心不負堯舜子之從政果藝清愼綏民急
吏不肅而震紛紜滿前理解迎刃子之為文秀整明潤
工於造語恥就餘餕詩尤所長鏘然玉振壽以配德天
亦何吝有如子賢五十而盡我遷于黄衆所遠擯惟子
之故不我藉轔孰云此來乃拊其櫬萬生擾擾寄此一
瞬富貴無能俯仰埃燼子有賢子汗血之駿幼亦頎然
頴發齠齓天哀子窮以是餽贐我困于旅愧莫予賑歌
此奠詩以和虞殯嗚呼哀哉

祭歐陽伯和父文一首

嗚呼哀哉文忠之子譬之孔門則其髙弟其材不同而

皆有得公之一體惟伯和父得公之學甚敏且執罔羅幽荒掎摭遺逸馳騁百世有求則應取之左右不擇鉅細如漢伯喈如晉茂先餘子莫繼公薨一紀門人凋喪我老又廢退而講論放失舊聞日月其逝欲操觚牘從伯和父解發疑蔽今其亡矣誰助我者投筆掩袂斯文日化躝風系景安所止戾子獨確然求之度數斷以凡例抱其孤學將以安適鑿不謀枘歸從文忠與仲純父孰曰非計而我何為寓詞千里繼以泣涕嗚呼哀哉

祭石幼安文一首

嗟我去蜀十有八年夢還故鄉親愛滿前覺而無有淚

下迸泉竄流江湖隻影自憐聞人蜀音回首粲然矧如夫子又戚且賢憂樂同之義不我捐我行過宿子病巳纏顧我而笑自云少痊念子仁人壽骨隱巔携手同歸相視華顛孰云此來拊膺號天同驅並馳俯仰而還行即此路皇分後先哀哉若人令德世傳才子文孫森然比肩天不吾欺後將蟬聯永歸無憾舉我一觴嗚呼哀哉

祭司馬君實文一首

左僕射贈太師温公之靈嗚呼百世一人千載一時惟時與人鮮偶常竒公事仁宗百未一施獨發大議惟天

我知厚陵之初先事而親帝欲得民一尊無私毋子之
間莫如孝慈人所難言我則易之神宗知公敬如蓍龜
專談仁義輔以書詩枉尺直尋願公少貶公曰天子舜
禹之姿我若言利非天誰欺退居于洛四海是儀化及
豚魚名聞乳兒二聖見公曰予得師付以衡石惟公所
為公亦何為視民所宜有莠則鋤有疾則醫問疾所生
師老民疲和戎上策決用無疑此計一定太平可基譬
如農夫既闢既菑揠種未粒夘穫而炊賔客滿門公以
疾辭不見十日入哭其帷天為雨泣路人垂洟畫像于
家飲食必祠夘我衆僚左右疇咨共載一舟喪其楫維

終天之訣窆　復來思歌此奠章以侑一卮嗚呼哀哉尚享

祭王宜甫文一首

維元祐二年歲次丁卯九月庚戌朔十九日戊辰具位蘇軾謹以酒果之奠昭告于故比部郎中贈光禄大夫王公宜父親家翁之靈嗚呼宜父篤厚寬中德世其家而位莫充非不能充知有天命直己而行不充何病三公之子所乏非財風雨散之如振浮埃百年夢幻其究何獲不與皆忘令名令德公雖耆舊我尚同時不識其人想見其姿婚姻之好義貫黄壤有愧古人不祖其往

徃謂趙人子孫其昌蒔其墓檟我言不忘嗚呼哀哉

祭范蜀公文一首

嗚呼仁宗在位四十二年畦而種之有得皆賢既歷三世悉爲名臣今如晨星存者幾人孰如我公碩大光明遵日而昇燦焉長庚死生契闊公獨壽考天實耆之以殿諸老三聖嗣位仁義是施公昔所言略行無遺維樂未和公寢不寍樂成而薨公徃則瞑凡百君子願公無極胡不萬年以重王國責難之忠愛莫助之嗟我後來誰復似之吾先君子秉德不耀與公弟兄一日之少窮達不齊歡則無間豈以閭里忠信則然先君之終公時

在陳宵夢告行晨起訃聞先友盡矣我亦白髮聞公之喪方食哽噎堂堂我公豈其云亡望公凜然猶舉我觴

祭黃幾道文

幾道大夫年兄之靈嗚呼幾道孝友烝烝人無間言如閔與曾天若成之付以百能超然驥德風鶱雲騰入為御史以直自繩身為玉雪不汙青蠅出按百城不緩不絙姦民惰吏實畏靡憎帝亦知之因事屢稱謀之左右有問莫應君聞不悛與道降升吾豈羽毛為人所鷹抱默以老終然不矜環堵蕭然大布疏繒妻子脫粟玉食友朋我遷淮南秋穀五登坐閱百吏錐刀相仍有斐君

子傳車是乘穆如春風解此陰淩尚有典刑紫髯垂膺魯無君子斯人安承納幣請昏義均股肱别我而東衣袂僅勝一卧永已吾將安憑壽夭在天雖聖莫增君趙魏老老于薛滕天亦愧之其世必興舉我一觴歸安丘陵

祭歐陽文忠公夫人文一首

嗚呼文忠之薨十有八年士無所歸散而自賢我是用懼日登師門既友諸子入拜夫人望之愀然有穆其言簡肅之肅文忠之文雖無老成典刑則存何以嗣之使世不忘諸子惟追好學而剛夫人實使兄弟吾孫徽福

文忠及我先君出守東南徃違其顔病不能見卒以訃
聞自欽及葬餽奠莫親匪愧于今有覥昔人寓詞千里
侑此一樽尚饗

東坡集卷第三十五

重刊明成化本東坡七集

東坡集卷第三十六

行狀一首

司馬温公行狀一首

曾祖政贈太子太保曾祖母薛氏贈温國太夫人祖炫試祕書省校書郎知耀州富平縣事贈太子太傅祖母皇甫氏贈温國太夫人父池尚書吏部郎中充天章閣待制贈太師追封温國公母聶氏贈温國太夫人公諱光字君實其先河内人晉安平獻王孚之後王之裔孫征東大將軍陽始葬今陜州夏縣涑水鄉子孫因家焉自高祖曾祖皆以五代衰亂不仕富平府君始舉進士

沒於縣令皆以氣節聞於鄉里而天章公以文學行義事真宗仁宗為轉運使御史知雜事三司副使歷知鳳翔河中同杭虢晉六州以清直仁厚聞於天下號稱一時名臣公自兒童凛然如成人七歲聞講左氏春秋大愛之退為家人講即了其大義自是手不釋書至不知飢渴寒暑年十五書無所不通文詞醇深有西漢風天章公當任子次及公公推與三從兄然後受補郊社齋郎再奏將作監主簿年二十舉進士甲科改奉禮郎以天章公在杭詞所遷官求簽書蘇州判官事以便親許之未上丁大夫人憂未除丁天章公憂執喪累年

毀瘠如禮服除簽書武成軍判官事改大理評事為國
子直講遷本寺丞故相龎籍名知人始與天章公遊見
公而奇之及是為樞密使薦公召試館閣校勘同知太
常禮院中官麥允言死詔以允言有軍功特給鹵簿公
言孔子不以名器假人繁纓以朝且猶不可允言近習
之臣非有元勲大勞而贈以三公之官給以一品鹵簿
其為繁纓不亦大乎故相夏竦卒詔賜謚文正公言謚
之美者極於文正竦何人可以當此書再上改謚文莊
遷殿中丞除史館檢討修日厯改集賢校理龎籍為鄆
州徙幷州皆辟公通判州事公慼籍知已為盡力時趙

元昊始臣河東貧甚官苦貴糴而民疲於遠輸麟州窟
野河西多良田皆故漢地公私雜耕天聖中始禁田河
西者虜乃得稍蠶食其地俯窺麟州為河東憂籍請公
按視公為畫五策宜因州中舊兵益禁兵三千廂兵五
百築二堡河西可使堡外三十里虜不敢田則州西六
十里無虜矣募民有能耕麟州閑田者復其稅役十五
年能耕窟野河西者長復之耕者必衆官雖無所得而
糴自賤可以漸紓河東之民籍移麟州如公言而兵官
郭恩勇且狂夜開城門引千餘人渡河載酒食不為戰
備遇敵死之議者歸罪於籍罷節度使知青州公守闕

三上書乞獨坐其事不報籍初不以此望公而公深以
自咎籍既没升堂拜其妻如母撫其子如昆弟時人兩
賢之改太常博士祠部員外郎直祕閣判吏部南曹遷
開封府推官賜五品服交趾貢異獸謂之麟公言真僞
不可知使其真非自然而至不足為瑞若僞為遠夷笑
願厚賜其使而還其獸因奏賦以諷遷度支員外郎判
句院擢修起居注五詞而後受判禮部有司奏六月朔
日當食公言故事食不滿分或京師不見皆賀臣以為
日食四方見京師不見天意人君為陰邪所蔽天下皆
知而朝廷獨不知其為災當益甚皆不當賀詔從之後遂

以為常遷起居舍人同知諫院蘇轍舉直言策入第四等而考官以為不當收公言轍於同科四人中言最切直有愛君憂國之心不可不收時宰相亦以為當黜仁宗不許曰求直言以直棄之天下其謂朕何公遂與諫官王陶同上疏願為宗廟社稷自重卻罷燕飲安養神氣後宫嬪御進見有度左右小臣賜予有節厚味腊毒無益奉養者皆不宜數御上嘉納之初至和三年仁宗始不豫國嗣未立天下寒心而不敢言惟諫官范鎮首發其議公時為并州通判聞而繼之上疏言禮大宗無子則小宗為之後為之後者為之子也願陛下擇

宗室賢者使攝儲貳以待皇嗣之生退居藩服不然則典宿衛尹京邑亦足以係天下之望疏三上其一留中其二付中書公又與鎮書此大事不言則已言一出豈可復反願公以死爭之於是鎮言之益力及公為諫官復上疏且面言臣昔為并州通判所上三章願陛下果斷而力行之時仁宗簡默不言雖執政奏事首肯而已聞公言沈思久之曰得非欲選宗室為繼嗣者乎此忠臣之言但人不敢及耳公曰臣言此自謂必死不意陛下開納上曰此何害古今皆有之因令公以所言付中書公曰不可願陛下自以意喻宰相是日公復言江

淮鹽事詣中書白之宰相韓琦問公今日復何所言公
默計此大事不可不使琦知思所以廣上意者即曰所
言宗廟社稷大計也琦喻意不復言後十餘日有旨令
公與御史裏行陳洙同詳定行户利害洙與公屏語曰
日者大饗明堂韓公攝太尉洙為監祭公從容謂洙聞
君與司馬君實善君實近建言立嗣事恨不以所言送
中書欲發此議無自發之行户利害非所以煩公也欲
洙見公達此意耳時嘉祐六年閏八月也至九月公復
上蹏面言臣向者進說陛下欣然無難意謂即行矣今
寂無所聞此必有小人言陛下春秋鼎盛子孫當千億

何遽爲此不祥之事小人無遠慮特欲倉猝之際援立其所厚善者耳唐自文宗以後立嗣皆出於左右之意至有稱定策國老門生天子者此禍豈可勝言哉上大感悟曰送中書公至中書見琦等曰諸公不及今定議異日夜半禁中出寸紙以某人爲嗣則天下莫敢違琦等皆唯唯曰敢不盡力後月餘詔　英宗判宗正寺固詞不就職明年遂立爲皇太子稱疾不入公復上䟽言凡人爭絲毫之利至相爭奪今皇子詞不貲之富至三百餘日不受命其賢於人遠矣有識聞之足以知陛下之聖能爲天下得人然臣聞父召無諾君命召不俟駕

而禮使者受命不受詞皇子不當詞避使者不當徒反
凡召皇子内臣皆乞責降且以臣子大義責皇子宜必
入　英宗遂受命兖國公主下嫁李瑋以驕恣聞公上
疏言　太宗時姚坦為兖王翊善有過必諫左右教王
詐疾踰月　太宗召王乳母入問起居狀乳母曰王無
疾以姚坦故鬱鬱成疾耳　太宗怒曰王年少不知為
此汝輩教之杖乳母數十召坦慰勉之齊國獻穆大長
公主太宗之子　真宗之妹　陛下之姑而謙恭率禮
天下稱其賢願陛下教子以　太宗為法公主事夫以
獻穆為法已而公主不安於李氏詔瑋出知衛州公主

入居禁中而瑋毋楊歸其兄璋散遣其家人公言陛下

追念　章懿皇后故使瑋尚主今乃母子離析家事流

落陛下獨無雨露之感悽惻之心乎瑋既責降公主亦

不得無罪上感悟詔公主降封沂國待李氏恩禮不衰

判檢院權判國子監除知制誥力詞至八九改授天章

閣待制兼侍講賜三品服仍知諫院上疏言經略安撫

使以便宜從事出於兵興權制非永世法及將相大臣

典州者多以貴倨自恃凌忽轉運使使不得舉職朝廷

務省事專行姑息之政至於胥史讙譁而逐御史中丞

輦官悖慢而退宰相衛士凶逆而獄不窮姦澤加於舊

軍人詈三司使而法官以為非犯階級於用法疑其餘
有一夫流言於道路而為之變法推恩者多矣皆陵遲
之漸不可以不正充媛董氏薨追贈婉儀又贈淑妃輟
朝成服百官奉慰定謚行册禮葬給鹵簿公言董氏秩
本微病革之日方拜充媛古者婦人無謚近制惟皇后
有之鹵簿本以賞軍功未嘗施於婦人惟唐平陽公主
有舉兵佐高祖定天下之功乃得給至韋庶人始令妃
主葬日皆給鼓吹非令典不足法時有司新定後宮封
贈法皇后與妃皆贈三代公言別嫌明微妃不當與后
同袁盎引却慎夫人坐正為此耳天聖親郊太妃止贈

二代而況妃乎知嘉祐八年貢舉　仁宗崩　英宗以
哀毀致疾慈聖光獻太后同聽政公首上疏言　章獻
明肅太后保佑先帝進賢退姦有大功於趙氏特以親
用外戚小人故負謗天下今　太后初攝大政大臣忠
厚如王曾清純如張知白剛正如魯宗道質直如薛奎
者當信用之鄙猥如馬季良讒諂如羅崇勲者當踈遠
之則天下服又上疏　英宗言漢宣帝為昭帝後終不
追尊衛太子史皇孫光武起布衣得天下自以為後元
帝亦不追尊鉅鹿都尉南頓君惟哀安桓靈皆自旁親
入繼大統追尊其父祖天下非之願以為戒時公所得

仁宗遺賜珠金直百餘萬率同列三上章言國有大憂中外窘乏不可專用乾興故事若遺賜不可詞則宜許侍從以上進金錢佐山陵費不許公乃以所得珠為諫院公使錢金以遺其舅氏義不藏於家　英宗疾既平皇太后還政公上疏言治身莫先於孝治國莫先於公其言切至皆毋子間人所難言者時有司立法　皇太后有所取用有司奏覆得御寶乃供公極論以為不可當直下合同司移所屬立供如上所取已乃具數奏太后以防矯偽曹佾除使相兩府皆遷公言佾無功而得使相陛下以慰毋心耳今兩府皆遷無名若以還

政為功則宿衛將帥內侍小臣必有覬望已而都知任
守忠等皆遷公復爭之因論守忠大姦陛下為皇子非
守忠意沮壞大策離間百端賴先帝不聽及陛下嗣位
反覆革面交構兩宮國之大賊人之巨蠹乞斬於都市
以謝天下詔以守忠為節度副使蘄州安置天下快之
時有詔陝西刺民兵號義勇公上疏極論其害云康定
慶曆閒籍陝西民為鄉弓手已而刺為保捷指揮民被
其毒兵終不可用遇敵先北正兵隨之每致崩潰縣官
知其坐食無用汰遣歸農而惰游之人不能復反南畝
彊者為盜弱者轉死父老至今流涕也今義勇何以異

此章六上不從乞罷諫官不許王廣淵除直集賢院公
言廣淵姦邪不可近昔漢景帝為太子召上左右飲衛
綰獨稱疾不行及即位待綰有加周世宗鎮澶淵張美
為三司吏掌州之錢穀世宗私有求假美悉力應之及
即位薄其為人不用今廣淵當　仁宗之世私自結於
陛下豈忠臣哉願黜之以厲天下執政建言濮安懿王
德盛位隆宜有尊禮詔太常禮院與兩制議翰林學士
王珪等相顧不敢先公獨奮筆立議曰為之後者為之
子不敢復顧其私親今日所以崇奉濮安懿王典禮宜
一準先朝封贈期親尊屬故事高官大爵極其尊榮議

成珪即敕吏以公手稾為案至今存焉時中外訩訩御史呂誨傳堯俞范純仁呂大防趙鼎趙瞻等皆爭之相繼降黜公上疏乞留之不可則乞與之皆貶初西戎遣使致祭而延州指使高宜押伴傲其使者侮其國王使者訴於朝公與呂誨乞加宜罪不從明年西戎犯邊殺略吏士趙滋為雄州專以猛悍治邊公亦論其不可至是契丹之民有捕魚界河伐柳白溝之南者朝廷以知雄州李中祐為不材選將代之公言國家當戎狄附順時好與之計較末節及其桀傲又從而姑息之近者西戎之禍生於高宜北狄之隙起於趙滋朝廷方賢此二

人故邊臣皆以生事為能今若選將代中祐則來者必以滋為法而以中祐為戒漸不可長宜敕邊吏疆埸細故徐以文檄往反若輕以矢刃相加者坐之京師大水公上疏論三事皆盡言無所隱諱除龍圖閣直學士判流内銓改右諫議大夫知治平四年貢舉　神宗即位首擢公為翰林學士公力詞不許上面諭公古之君子或學而不文或文而不學惟董仲舒楊雄兼之卿有文學何詞為公曰臣不能為四六上曰如兩漢制詔可也公曰本朝故事不可上曰卿能舉進士取高等而云不能四六何也公趨出上遣内臣至閤門彊公受告拜而

不受趣公入謝曰上坐以待公公入至廷中以告置公懷中不得已乃受遂為御史中丞初中丞王陶論宰相不押常朝班為不臣宰相不從陶爭之力遂罷公既繼之言宰相不押班細故也陶言之過然愛禮存羊則不可已自頃宰相權重今陶復以言宰相罷則中丞不可復為臣願俟宰相押班然後就職上曰可陶既出知陳州謝章詆宰相不已執政議再貶陶公言陶誠可罪然陛下欲廣言路屈已受陶而宰相獨不能容乎乃已公上疏論修心之要三曰仁曰明曰武治國之要三曰官人曰信賞曰必罰其說甚備且曰臣昔為諫官即以此

六言獻　仁宗其後以獻　英宗今以獻陛下平生力學所得盡在是矣公在　英宗時與呂誨同論　祖宗之制句當御藥院常用供奉官以下至內殿崇班則出近歲居此位者皆暗理官資食其廪給非　祖宗大意又故事年未五十不得為內侍省押班今除張茂則止四十八不可至是又言之因論高居簡姦邪乞加遠竄章五上上為盡罷寄資內臣居簡亦補外未幾復留陳承禮劉有方二人公復爭之又言近者王中正往陝西知涇州劉渙等諂事中正而鄜延鈐轄吴舜臣違失其意已而渙等進擢舜臣降黜權歸中正謗歸陛下是去

一居簡得一居簡上手詔問公所從知公曰臣得之賔
客非一人言事之有無惟陛下知之若無臣不敢避妄
言之罪萬一有之不可不察詔用宫邸直省官鄭昭選
等四人為閤門祗候公言國初草創天步尚艱故即位
之始必以左右舊人為腹心耳目謂之隨龍非平日法
也閤門祗候在文臣為館職豈可使厮役為之　英宗
山陵公為儀仗使賜金五十兩銀合三百兩三上章詞
從之邊吏上言西戎部將嵬名山欲以横山之衆取諒
祚以降詔邊臣招納其衆公上疏極論以為名山之衆
未必能制諒祚幸而勝之滅一諒祚生一諒祚何利之

有若其不勝必引衆歸我不知何以待之臣恐朝廷不獨失信於諒祚又將失信於名山矣若名山餘衆尚多還北不可入南不受窮無所歸必將突據邊城以救其命陛下獨不見侯景之事乎上不聽遣將种諤發兵迎之取綏州費六十萬萬西方用兵蓋自是始矣兼翰林侍讀學士登州有不成婚婦謀殺其夫傷而不死者吏疑問即承知州事許遵讞之有司當婦絞而詔貸之遵上議準律因犯殺傷而自首者得免所因之罪婦當減二等不當絞詔公與王安石議之安石是遵議公言謀殺猶故殺也皆一事不可分若謀為所因與殺為二則故

與毅亦可為二邪自宰相文彥博以下皆附公議然卒用安石言至今天下非之權知審官院百官上尊號公當荅詔上疏言　先帝親郊不受尊號天下莫不稱頌末年有建言者國家與契丹有往來書信彼有尊號而我獨無以為深耻於是羣臣復以非時上尊號昔漢文帝時單于自稱天地所生日月所置匈奴大單于不聞文帝復為大名以加之也願陛下追用　先帝本意不受此名上大悅手詔荅公非卿朕不聞此言善為荅詞使中外曉然知朕至誠非欺衆邀名者遂終身不復受尊號執政以河朔災傷國用不足乞今歲親郊兩府不

賜金帛送學士院取旨公言兩府所賜以匹兩計止二
萬未足以救災宜自文臣兩省武臣宗室刺史以上皆
減半公與學士王珪王安石同對公言救災節用宜自
貴近始可聽兩府詞賜安石曰常衮詞賜饌時議以爲
衮自知不能當詞位不當詞禄且國用不足非當今之
急務也公曰衮詞禄猶賢於持禄固位者國用不足眞
急務安石言非是安石曰不足者以未得善理財者故
也公曰善理財者不過頭會箕斂以盡民財民窮爲盜
非國之福安石曰不然善理財者不加賦而上用足公
曰天下安有此理天地所生財貨百物止有此數不在

民則在官譬如雨澤夏澇則秋旱不加賦而上用足不過設法陰奪民利其害甚於加賦此乃桑羊欺漢武帝之言太史公書之以見武帝不明耳至其末年盜賊蜂起幾至於亂若武帝不悔禍昭帝不變法則漢幾亡爭議不已王珪進曰救災節用宜自貴近始司馬光言是也然所費無幾恐傷國體王安石言亦是惟明主裁擇上曰朕意與光同然姑以不允荅之會安石當制遂引常衮事責兩府兩府亦不復詞兼史館修撰上問公可為諫官者公薦吕誨誨以天章閣待制知諫院詔公與張茂則同相視二股河及生堤利害公用都水監丞宋昌言

策乞於二股之西置上約約水東流若東流日深北流自淺薪芻漸備乃塞其北放出御河胡盧河下流以紓恩冀深瀛以西之患時議者多不同公於上前反覆論難甚苦卒從之後皆如公言賜詔獎諭王安石始為政創立制置三司條例司建為青苗助役水利均輸之政置提舉官四十餘員行其法於天下謂之新法公上䟽逆陳其利害日後當如是行之十餘年無一不如公言者天下傳誦以公為真宰相雖田父野老皆號公司馬相公而婦人孺子知其為君實也邇英進讀至蕭何曹參事公曰參不變何法得守成之道故孝惠高后時天下晏然

衣食滋殖上曰漢守蕭何之法不變可乎公曰何獨漢
也使三代之君常守禹湯文武之法雖至今存可也武
王克商曰乃反商政政由舊然則雖周亦用商政也書
曰無作聰明亂舊章漢武帝用張湯言取高帝法紛更
之盜賊半天下元帝改宣帝之政而漢始衰由此言之
祖宗之法不可變也後數日呂惠卿進講因言先王之
法有一年而變者正月始和布法象魏是也有五年一
變者巡狩考制度是也有三十年一變者刑罰世輕世
重是也有百年不變者父慈子孝兄友弟恭是也前日
光言非是其意以諷朝廷且譏臣為條例司官耳上問

公惠卿言何如公曰布法象魏布舊法也何名爲變若
四孟月朔屬民讀法爲時變月變耶諸侯有變禮易樂
者王巡守則誅之王不自變也刑新國用輕典亂國用
重典平國用中典是爲世輕世重非變也且治天下譬
如居室弊則修之非大壞不更造也大壞而更造非得
良匠美材不成今二者皆無有臣恐風雨之不庇也公
卿侍從皆在此願陛下問之三司使掌天下財不才而
黜可也不可使兩府侵其事今爲制置三司條例司何
也宰相以道佐人主安用例苟用例而已則胥史足矣
今爲看詳中書條例司何也惠卿不能對則詆公曰光

為侍從何不言言而不從何不去公作而荅曰是臣之罪也上曰相與論是非耳何至是講畢賜坐戶外將出上命徙坐戶內左右皆避去上曰朝廷每更一事舉朝訩訩何也王珪曰臣踈賤在闕門之外朝廷之事不能盡知借使聞之道路又不知其虛實也上曰聞則言之公曰青苗出息平民為之尚能以蠶食下戶至飢寒流離況縣官法度之威乎惠卿曰青苗法願取則與之不願不彊也公曰愚民知取債之利不知還債之害非獨縣官不彊富民亦不彊也臣聞作法於涼其弊猶貪作法於貪弊將若之何昔 太宗平河東立和糴法時米

斗十餘草束入錢民樂與官為市其後物貴而和糴不解遂為河東世世患臣恐異日之青苗猶河東之和糴也上曰陜西行之久矣民不以為病公曰臣陜西人也見其病不見其利朝廷初不許也而有司尚能以病民況立法許之乎上曰坐倉糴米何如坐者皆起曰不便上已罷之幸甚上曰未罷也公曰京師有七年之儲而錢常乏若坐倉錢益乏米益陳柰何惠卿曰坐倉得米百萬斛則省東南百萬之漕以其錢供京師何患無錢公曰東南錢荒而米狼戾今不糴米而漕錢棄其有餘取其所無農末皆病矣侍講吴申起曰光言至論也公

曰此皆細事不足煩人主但當擇人而任之有功則賞有罪則罰此則陛下職也上曰然文王罔攸兼于庶言庶獄庶慎惟有司之牧夫公趨出上曰卿得無以惠卿之言不樂乎公曰不敢韓琦上疏論青苗之害上感悟欲罷其法安石稱疾求去會拜公樞密副使公上章力詞至六七曰上誠能罷制置條例司追還提舉官不行青苗助役等法雖不用臣臣受賜多矣不然終不敢受命上遣人謂公樞密兵事也官各有職不當以他事為詞公言臣未受命則猶侍從也於事無不可言者安石起視事青苗法卒不罷公亦卒不受命則以書喻安石

三徃反開喻苦至猶幸安石之聽而改也且曰巧言令色鮮矣仁彼忠信之士於公當路時雖齟齬可憎後必徐得其力諂諛之人於今誠有順適之快一旦失勢必有賣公以自售者意謂吕惠卿對賔客輙指言之曰覆王氏者必惠卿也小人本以利合勢傾利移何所不至其後六年而惠卿叛安石上書告其罪苟可以覆王氏者靡不為也由是天下服公先知公求補外上猶欲用公公不可以端明殿學士出知永興軍朝辭進對猶乞免本路青苗助役宣撫使下令分義勇四番欲以更戍邊選諸軍驍勇募閭里惡少為奇兵調民為乾糧𥢶飯

雖内郡不被邊皆修城池樓櫓如邊郡且遣兵就糧長安河中邠三輔騷然公上疏極言方凶歳公私困弊不可舉事而永興一路城池樓櫓皆不急乾糧皺飯昔嘗造後無用腐棄之宣撫司令臣皆未敢從若之軍興臣坐乏於是一路獨得免須之詔移知許州不赴遂乞判西京留司御史臺以歸自是絶口不論事以祀明堂恩加上柱國至熈寍七年上以天下旱蝗詔求直言公讀詔泣下欲黙不忍乃復陳六事一青苗二免役三市易四邊事五保甲六水利此尤病民者宜先罷又以書責宰相吴充天子仁聖如此而公不言何也元豐五年公

忽得語澀疾自疑當中風乃豫作遺表大略如六事加
詳盡感槩親書緘封置卧内且死當以授所善范純仁
范祖禹使上之凡居洛十五年再任留司御史臺四任
提舉崇福宫官制行改太中大夫加資政殿學士　神
宗崩公赴闕臨衛士見公入皆以手加額曰此司馬相
公也民遮道呼曰公無歸洛留相天子活百姓所在數
千人聚觀之公懼會放辭謝遂徑歸洛　太皇太后聞
之詰問主者遣使勞公問所當先者公言近歲士大夫
以言為諱閭閻愁苦於下而上不知明主憂懃於上而
下無所訴此罪在羣臣而愚民無知歸怨　先帝宜下

詔首開言路從之下詔牓朝堂而當時有不欲者於詔
語中設六事以禁切言者曰若陰有所懷犯非其分或
扇搖機事之重或迎合已行之令上以觀望朝廷之意
以僥倖希進下以眩惑流俗之情以干取虚譽若此者
必罰無赦　太皇太后封詔草以問公公曰此非求諫
乃拒諫也人臣惟不言言則入六事矣時太府少卿宋
彭年水部員外郎王諤皆應詔言事有欲借此二人以
懲天下言者皆以非職而言贖銅三十斤公具論其情
且請改賜詔書行之天下從之於是四方吏民言新法
不便者數千人公方草具所當行者而　太皇太后已

有旨散遣修京城役夫罷減皇城内覘者止御前工作出近侍之無狀者三十餘人戒敕中外無敢苛刻暴斂廢導洛司物貨場及民所養户馬寬保馬限皆從中出大臣不與公上疏謝當今急務陛下略已行之矣小臣稽慢罪當萬死詔除公知陳州且過闕入見使者勞問相望於道至則拜門下侍郎公力詞不許數賜手詔復詞以覃恩遷通議大夫初　神宗皇帝以英偉絶人之資勵精求治凛凛乎漢宣帝唐太宗之上矣而宰相王安石用心過當急於功利小人得乗間而入吕惠卿

之流以此得志後者慕之爭先相高而天下病矣　先帝明聖獨覺其非出安石金陵天下欣然意法必變雖安石亦自悔恨其去而復用也欲稍自改而惠卿之流恐法變身危持之不肯改然　先帝終疑之遂退安石八年不復召而惠卿亦再逐不用元豐之末天下多故及　二聖嗣位民日夜引領以觀新政而進說者以為三年無改於父之道欲稍損其甚者毛舉數事以塞人言公慨然爭之曰　先帝之法其善者雖百世不可變也若安石惠卿等所建為天下害非　先帝本意者改之當如救焚拯溺猶恐不及昔漢文帝除肉刑斬右趾

者棄市笞五百者多死景帝元年即改之武帝作鹽鐵
榷酤均輸等法昭帝罷之唐代宗縱宦官公求賂遺置
客省拘滯四方之人德宗立未三月罷之德宗晚年為
宮市五坊小兒暴横鹽鐵月進羨餘順宗即位罷之當
時悅服後世稱頌未有或非之者也況 太皇太后以
母改子非子改父衆議乃定公以為治亂之機在於用
人邪正一分則消長之勢自定每論事必以人物為先
凡所進退皆天下所謂當然者然後朝廷清明 人主
始得聞天下利害之實遂罷保甲團教依義勇法歲一
閱保馬不復買見在者還監牧給諸軍廢市易法所儲

物皆鬻之不取息而民所欠錢皆除其息京東鑄鐵錢河北江西福建湖南鹽及福建茶法皆復其舊獨川峽茶以邊用未即罷遣使相視去其甚者戶部左右曹錢穀皆領之尚書凡昔之三司使事有散隸五曹及寺監者皆歸戶部使尚書周知其數量入以為出於是天下釋然曰此　先帝本意也非吾君之子不能行吾君之意時獨免役青苗將官之法猶在而西戎之議未決也山陵畢還公正議大夫公自以不與顧命不敢當詔不許元祐元年正月公始得疾詔公與尚書左丞呂公著朝會與執政異班再拜而已不舞蹈公疾益甚歎曰四患

未除吾死不瞑目矣乃力疾上䟽論免役五害乞直降
敕罷之率用熙寧以前法有未便州縣監司節級以聞
爲一路一州一縣法詔即日行之又論西戎大略以和
戎爲便用兵爲非時異議者甚衆公持之益堅其後太
師文彦博議與公合衆不能奪又論將官之害詔諸將
兵皆隷州縣軍政委守令通決之又乞廢提舉常平司
以其事歸之轉運使及提點刑獄公謂監司多新進少
年務爲刻急天下病之乞自太中大夫待制以上於郡
守中舉轉運使提點刑獄於通判中舉轉運判官又以
文學德行吏事武略等爲十科以求天下遺才命文臣

升朝以上歲舉經明行脩一人以為進士高選皆從之
拜左僕射疾稍間將起視事詔免朝覲許以肩輿三日
一入都堂或門下尚書省公不敢當曰不見君不可以
視事詔公肩輿至內東門子康扶入對小殿且曰毋拜
公惶恐入對延和殿再拜遂罷青苗錢專行常平糶糴
法以歲上中下熟為三等穀賤及下等則增價糴貴及
上等則減價糶惟中等則否及下等而不糴及上等而
不糶皆坐之時　二聖恭儉慈孝視民如傷虛已以聽
公公知無不為以身任天下之責數月復病以九月丙
辰朔薨于西府享年六十八　太皇太后聞之慟上亦

感涕不已時方躬祀明堂禮成不賀　二聖皆臨其喪
哭之哀甚輟視朝贈太師温國公襚以一品禮服賻銀
三千兩絹四千匹賜龍腦水銀以斂命户部侍郎趙瞻
入内内侍省押班馮宗道護其喪歸葬夏縣官其親族
十人公忠信孝友恭儉正直出於天性自少及老語未
嘗妄其好學如飢之嗜食於財利紛華如惡惡臭誠心
自然天下信之退居於洛往來陜郟陜洛閒皆化其德
師其學法其儉有不善曰君實得無知之乎博學無所
不通音樂律歷天文書數皆極其妙晚節尤好禮爲冠
婚喪祭法適古今之宜不喜釋老曰其微言不能出吾

書其誕吾不信不事生産買第洛中僅庇風雨有田三
頃喪其夫人質田以葬惡衣菲食以終其身自以遭遇
聖明言聽計從欲以身徇天下躬親庶務不舍晝夜賓
客見其體羸曰諸葛孔明二十罰以上皆親之以此致
疾公不可以不戒公曰死生命也爲之益力病革諄諄
不復自覺如夢中語然皆朝廷天下事也既没其家得
遺奏八紙上之皆手札論當世要務京師民畫其像刻
印鬻之家置一本飲食必祝焉四方皆遣人購之京師
時畫工有致富者有文集八十卷資治通鑑三百二十
四卷考異三十卷歷年圖七卷通歷八十卷稽古録二

十卷本朝百官公卿表六卷翰林詞草三卷注古文孝經一卷易說三卷注繫辭二卷注老子道德論二卷集注太元經八卷大學中庸義一卷集注楊子十三卷文中子傳一卷河外諮目三卷書儀八卷家範四卷續詩話一卷遊山行記十二卷醫問七篇其文如金玉穀帛藥石也必有適於用無益之文未甞一語及之初公患歷代史繁重學者不能綜況於人主遂約戰國至秦二世如左氏體為通志八卷以進　英宗悅之命公續其書置局祕閣以其素所賢者劉攽劉恕范祖禹為屬官凡十九年而成起周威烈王訖五代上下一千三百六十

二載其是非疑似之間皆有辨論一事而數說者必考合異同而歸之一作考異以志之　神宗尤重其書以為賢於荀悅親為製叙賜名資治通鑑詔邇英讀其書賜頴邸舊書二千四百二卷書成拜資政殿學士賜金帛甚厚娶張氏禮部尚書存之女封清河郡君先公卒追封溫國夫人子三人唐童皆早亡康今為祕書省校書郎孫二人植桓皆承務郎公歷事四朝皆為人主所敬然　神宗知公最深公思有以報之常摘孟子之言曰責難於君謂之恭陳善閉邪謂之敬吾君不能謂之賊故雖議論違忤而　神宗識其意待之甚厚及拜資

政殿學士蓋有意復用公也夫復用公者豈徒然哉將必行其所言公亦識其意故為政之日自信而不疑嗚呼若　先帝可謂知人矣其知之也深公可謂不負所知矣其報之也大軾從公遊二十年知公平生為詳故録其大者為行狀其餘非天下所以治亂安危者皆不載謹狀

東坡集卷第三十六

東坡集卷第三十七

神道碑一首

富鄭公神道碑一首

宋興百三十年四方無虞人物歲滋蓋自秦漢以來未有若此之盛者雖所以致之非一道而其要在於兵不用用不久常使智者謀之而仁者守之雖至於無窮可也契丹自晉天福以來踐有幽薊北鄙之警略無寧歲凡六十有九年至景德元年舉國來寇攻定武圍高陽不克遂陷德清以犯天雄眞宗皇帝用宰相寇準計決策親征既次澶淵諸道兵大會行在虜既震動兵始接

射殺其驍將順國王撻覽虜懼遂請和時諸將皆請以兵會界河上邀其歸徐以精甲躡其後殲之虜懼求哀於上上曰契丹幽薊皆吾民也何多以殺為遂詔諸將按兵勿伐縱契丹歸國虜自是通好守約不復盜邊者三十有九年及趙元昊叛西方轉戰連年兵久不決契丹之臣有貪而喜功者以我為怯且厭兵遂教其主設詞以動我欲得晉高祖所與關南十縣慶曆二年聚重兵境上遣其臣蕭英劉六符來聘兵既壓境而使來非時中外忩之仁宗皇帝曰契丹吾兄弟之國未可弃也其有以大鎮撫之命宰相擇報聘者時虜情不可測

群臣皆莫敢行宰相舉右正言知制誥富公公即入對
便殿叩頭曰主憂臣辱臣不敢愛其死上為動色乃以
公為接伴英等入境上遣中使勞之英託足疾不拜公
曰吾嘗使北病臥車中聞命輒起拜今中使至而公不
起此何禮也英矍然起拜公開懷與語不以夷狄待之
英等見公傾盡亦不復隱其情遂去左右密以其主所
欲得者告公且曰可從從之不可從更以一事塞之公
具以聞上命御史中丞賈昌朝館伴不許割地而許增
歲幣且命公報聘既至六符館之徃反十數皆論割地
必不可狀及見虜主問故虜主曰南朝違約塞鴈門增

塘水治城隍籍民兵此何意也群臣請舉兵而南寡人以謂不若遣使求地求而不獲舉兵未晚也公曰北朝忘章聖皇帝之大德乎澶淵之役若從諸將言北兵無得脫者且北朝與中國通好則人主專其利而臣下無所獲若用兵則利歸臣下而人主任其𥚃故北朝諸臣爭勸用兵者此皆其身謀非國計也虜主驚曰何謂也公曰晉高祖欺天叛君而求助於北末帝昏亂神人弃之是時中國狹小上下離叛故契丹全師獨克雖虜獲金幣充牣諸臣之家而壯士健馬物故大半此誰任其𥚃者今中國提封萬里所在精兵以百萬計法令修

明上下一心北朝欲用兵能保其必勝乎曰不能公曰
勝負未可知就使其勝所亡士馬群臣當之歟抑人主
當之歟若通好不絶歲歲幣盡歸人主臣下所得止奉使
者歲一二人耳群臣何利焉虜主大悟首肯者久之公
又曰塞鴈門者以備元昊也塘水始於何承矩事在通
好前地卑水聚勢不得不增城隍皆修舊民兵亦舊籍
特補其缺耳非違約也晉高祖以盧龍一道賂契丹周
世宗復伐取關南皆異代事　宋興已九十年若各欲
求異代故地豈北朝之利也哉　本朝皇帝之命使臣
則有詞矣曰朕為祖宗守國必不敢以其地與人北朝

所欲不過利其租賦耳朕不欲以地故多殺兩朝赤子
故屈已增幣以代賦入若北朝必欲得地是志在敗盟
假此為詞耳朕亦安得獨避用兵乎澶淵之盟天地鬼
神實臨之今北朝首發兵端過不在朕天地鬼神豈可
欺也哉虜大感悟遂欲求婚公曰婚姻易以生隙人命
脩短不可知不若歲幣之堅久也本朝長公主出降齎
送不過十萬緡豈若歲幣無窮之獲哉虜主曰卿且歸
矣再來當擇一授之卿其遂以誓書來公歸復命再聘
受書及口傳之詞于政府既行次樂壽謂其副曰吾為
使者而不見國書萬一書詞與口傳者異則吾事敗矣

發書視之果不同乃馳還都以晡入見宿學士院一夕
易書而行既至虜不復求婚專欲增幣曰南朝遺我書
當曰獻否則曰納公爭不可虜主曰南朝既懼我矣何
惜此二字若我擁兵而南得無悔乎公曰本朝皇帝無
愛南北之民不忍使蹈鋒鏑故屈已增幣何名為懼哉
若不得已而至於用兵則南北敵國當以曲直為勝負
非使臣之所憂也虜主曰卿勿固執古亦有之公曰自
古惟唐高祖借兵於突厥故臣事之當時所遺或稱獻
納則不可知其後頡利為太宗所擒豈復有此禮哉公
聲色俱厲虜知不可奪曰吾當自遣人議之於是留所

許增幣誓書復使耶律仁先及六符以其國誓書來且
求為獻納公奏曰臣既以死拒之虜氣折矣可勿復許
虜無能為也上從之增幣二十萬而契丹平北方無事
蓋又四十八年矣契丹君臣至今誦其語守其約不忍
敗者以其心曉然知通好用兵利害之所在也故臣嘗
竊論之百餘年間兵不大用者　眞宗　仁宗之德而
寇準與公之功也公諱弼字彥國河南人曾大父內黃
令諱處讓大父商州馬步使諱令荀考尚書都官員外
郎諱言皆以公貴贈太師中書令尚書令封鄧韓秦三
國公曾祖母劉氏祖母趙氏母韓氏封魯韓秦三國太

夫人公幼篤學有大度范仲淹見而識之曰此王佐才也懷其文以示王曾晏殊殊即以女妻之　仁宗復制科仲淹謂公子當以是進天聖八年公以茂材異等中第授將作監丞知河南府長水縣用李迪辟簽書河陽節度判官事丁秦國公憂服除會郭后廢范仲淹爭之貶知睦州公上言朝廷一舉而獲二過縱不能復后宜還仲淹以來忠言通判絳州景祐四年召試館職遷太子中允直集賢院從王曾辟通判鄆州寶元初趙元昊反公上疏陳八事且言元昊遣使求割地邀金帛使者部從儀物如契丹而詞甚倨此必元昊腹心謀臣自請

行者宜出其不意斬之都市又言夏守贇庸人也平時
猶不當用而況艱難之際可為樞密乎議者以為有宰
相氣召還為開封府推官擢知諫院康定元年日食正
旦公言請罷燕徹樂雖虜使在館亦宜就賜飲食而已
執政以為不可公曰萬一北虜行之為朝廷羞後使虜
還者云虜中罷燕如公言　仁宗深悔之初宰相惡聞
忠言下令禁越職言事公因論日食以謂應天變莫若
通下情遂除其禁元昊寇鄜延殺二萬人破金明擒李
士斌延帥范雍鈐轄盧守懃閉門不救中貴人黃德和
引兵先走劉平石元孫戰死而雍守懃歸罪於通判計章

用都監李康伯皆竄嶺南德和誣奏平降賊詔以兵圍守其家公言平自環慶引兵來援以姦臣不救故敗竟罵賊不食而死宜卹其家守懃德和皆中官怙勢誣人冀以自免宜竟其獄樞密院奏方用兵獄不可遂公言大臣附下罔上獄不可不竟時守懃男昭序爲御藥公奏乞罷之德和竟坐腰斬延州民二十人詣闕告急上召問具得諸將敗亡狀執政惡之命邊郡禁民擅赴闕者公言此非陛下意宰相惡上知四方有敗耳民有急不得訴之朝則西走元昊北走契丹矣夏守贇爲陝西都總管又以入内都知王守忠爲都鈐轄公言用守贇

既為天下笑而守忠鈐轄乃與唐中官監軍無異將吏
必怨懼盧守懃黄德和覆軍之轍可復蹈乎詔罷守忠
時又用觀察使魏昭昞為同州鄭守忠為殿前都指揮
使高化為步軍都指揮使公言昭昞乳臭兒必敗事守
忠與化故親事官皆奴才小人不可用詔遣侍御史陳
洎往陝西督修城且城潼關公言天子守在四夷今城
潼關自關以西為弃之耶語皆侵執政自用兵以來吏
民上書者甚衆初不省用公言知制誥本中書屬官可
選二人置局中書考其所言可用用之宰相以付學士
公言此宰相偷安欲以天下是非盡付他人乞與廷辯

又言邊事系國安危不當專委樞密院周宰相魏仁浦
兼樞密使國初范質王溥亦以宰相叅知樞密院事今
兵興宜使宰相以故事兼領　仁宗曰軍國之務當盡
歸中書樞密非古官然未欲遽廢内降令中書同議樞
密院事且書其檢宰相以内降納上前曰恐樞密院謂
臣奪權公曰此宰相避事耳非畏奪權也時西夏首領
吹同乞砂吹同山乞各稱偽將相來降補借奉職羈置
荆湖公言二人之降其家已族矣當厚賞以勸來者上
命以所言送中書公見宰相論之宰相初不知也公嘆
曰此豈小事而宰相不知耶更極論之上從公言以宰

相兼樞密使除鹽鐵判官遷太常丞史館修撰奉使契丹二年改右正言知制誥糾察在京刑獄時有用僞牒為僧者事覺乃堂吏為之開封按餘人而不及吏公白執政請以吏付獄執政指其坐曰公即居此無為近名公正色不受其言曰必得吏乃止執政滋不悅故薦公使契丹欲因事罪之歐陽脩上書引顏真卿使李希烈事留公不報使還除吏部郎中樞密直學士懇辭不受始受命聞一女卒再受命聞一男生皆不顧而行得家書不發而焚之曰徒亂人意尋遷翰林學士公見上力辭曰增歲幣非臣本志也特以朝廷方討元昊未暇與

虜角故不敢以死爭其敢受乎慶曆三年三月遂命公
為樞密副使辭之愈力改授資政殿學士兼翰林侍讀
學士七月復除樞密副使公言虜既通好議者便謂無
事邊備漸施虜萬一敗盟臣死且有罪非獨臣不敢受
亦願陛下思夷狄輕侮中原之恥坐薪嘗膽不忘修政
因以告納上前而罷逾月復除前命時元昊使辭群臣
班紫宸殿門上俟公綴樞密院班乃坐且使宰相章德
象諭公曰此朝廷特用非以使虜故也公不得已乃受
時晏殊為相范仲淹為參知政事杜衍為樞密使韓琦
與公副之歐陽脩余靖王素蔡襄為諫官皆天下之望

魯人石介作慶曆聖德詩歷頌群臣皆得其實曰維仲淹弼一夔一契天下不以為過公既以社稷自任而仁宗責成於公與仲淹望太平於朞月之間數以手詔督公等條具其事又開天章閣召公等坐且給筆札使書其所欲為者遣中使 人更往督之且命仲淹主西事公主北事公遂與仲淹各上當世之務 餘條又自上河北安邊十三策大略以進賢退不肖上僥倖去宿弊為本欲漸易諸路監司之不才者使澄汰所部吏於是小人始不悅矣元昊遣使以書來稱男而不臣公言契丹臣元昊而我不臣則契丹為無敵於天下不

可許乃却其使卒臣之四年七月契丹來告舉兵討元

昊十二月詔册元昊為夏國主使將行而止之以俟虜

使公曰若虜使未至而行則事自我出既至則恩歸契

丹矣從之是歲契丹受禮雲中且發兵會元昊伐呆兒

族於河東為近上問公曰虜得無與元昊襲我乎公曰

虜自得幽薊不復由河東入冦者以河北平易富饒而

河東嶮瘠且虞我出鎮定擣燕薊之虛也今兵出無名

契丹大國決不為此就使妄動當出我不意不應先言

受禮雲中也元昊本與契丹約相左右以困中國今契

丹背約結好於我獨獲重幣元昊有怨言故虜築威塞

州以備之呆兒屢殺威塞人虜疑元昊使之故爲是役
安能合而寇我哉或請調發爲備公曰虜雖不來猶欲
以虛聲困我若調發正墮其計臣請任之虜若入寇臣
爲罔上且誤國上乃止虜卒不動公謂契丹異日作難
必於河朔既上十三策又請守一郡行其事小人怨公
不已而大臣亦有以飛語讒公者上雖不信公懼因保
州賊平求爲河北宣撫使以避之使將還除資政殿學
士知鄆州兼京東西路安撫使讒者不已罷安撫使歲
餘讒不驗加給事中移知青州兼京東東路安撫使河
朔大水民流京東公擇所部豐稔者五州勸民出粟得

十五萬斛益以官廪隨所在貯之得公私廬舍十餘萬區散處其人以便薪水官吏自前資待闕寄居者皆給其禄使即民所聚選老弱病瘠者廪之山林河泊之利有可取以為生者聽流民取之其主不得禁官吏皆書具勞約為奏請使他日得以次受賞於朝率五日輒遣人以酒肉糗飯勞之出於至誠人人為盡力流民死者為大冢葬之謂之叢冢自為文祭之明年麥大熟流民各以遠近受粮而歸凡活五十餘萬人募而為兵者又萬餘人上聞之遣使勞公即拜禮部侍郎公曰救災守臣職也辭不受前此救災者皆聚民城郭中煑粥食之

飢民聚為疾疫及相蹈藉死或待次數日不食得粥皆僵仆名為救之而實殺之自公立法簡便周至天下傳以為法至于今不知所活者幾千萬人矣王則據貝州叛齊州禁兵馬達張青與姦民張握等得劒印于妖師欲以其衆叛將屠城以應則握之壻楊俊詣公告之齊非公所部恐事泄變生時中貴人張從訓銜命至青公度從訓可使即以事付從訓使馳至郡發吏卒取之無得脫者且自劾擅遣中使罪　仁宗嘉之再除禮部侍郎公又懇詞不受遷資政殿大學士以明堂恩除禮部侍郎徙知鄭州又徙蔡州加觀文殿學士知河陽遷戶

部侍郎除宣徽南院使判并州兼河東經略安撫使至和二年召拜同中書門下平章事集賢殿大學士與文彥博並命宣制之日士大夫相慶於朝　仁宗密覘知之歐陽脩奏事殿上上具以語脩且曰古之求相者或得於夢卜今朕用二相人情如此豈不賢於夢卜也哉脩頓首稱賀　仁宗弗豫大臣不得見中外憂恐文彥博與公等直入問疾內侍止之不可因以監視禳禱為名乞留宿內殿事皆關白而後行禁中肅然嘉祐三年加禮部尚書昭文館大學士監修國史公之為相守格法行故事而附以公議無心於其間故百官任職天下

無事以所在民力困弊賦役不均遣使分道相視裁減謂之寬䘏民力又弛茶禁以通商賈省刑獄天下便之六年丁秦國太夫人憂詔為罷春燕故事執政遇喪皆起復公以謂金革變禮不可用於平世　仁宗待公而為政五遣使起之卒不從命天下稱焉　英宗即位拜樞密使同中書門下平章事遷戶部尚書逾年以足疾求解機務章二十上拜鎮海軍節度使同中書門下平章事判河陽封祈國公公五上章辭使相且言　真宗以前不輕以此授人　仁宗即位之初執政欲自為地故開此比終　仁宗之世宰相樞密使罷者皆除使相

至不稱職有罪者亦然天下非之今陛下初即位願立法自臣始不從　神宗即位改鎮武寧軍進封鄭國公公又乞罷使相乃以為尚書左僕射觀文殿大學士集禧觀使召赴闕公以足疾固辭復判河陽熙寧元年移汝州且詔入覲以公足疾許肩輿至殿門上特為御內東門小殿見之令男紹隆入扶且命無拜坐語從容至日昃賜紹隆五品服再對上欲留公為集禧觀使力辭赴郡明年二月除司空兼侍中昭文館大學士賜甲第一區皆詞不受復拜左僕射門下侍郎同中書門下平章事公既至未見有於上前言災異皆天數非人事得

失所致者公聞之歎曰人君所畏惟天若不畏天何事不可為者去亂亡無幾矣此必姦臣欲進邪說故先導上以無所畏使輔拂諫諍之臣無所復施其力此治亂之機也吾不可以不速救即上書數千言雜引春秋洪範及古今傳記人情物理以明其決不然者群臣請上尊號及作樂上以久旱不許群臣固請作樂公又言故事有災變皆徹樂恐上以同天節虜使當上壽故未斷其請臣以為此盛德事正當以示夷狄乞并罷上壽從之即日而雨公又上疏願益畏天戒遠姦佞近忠良上親書荅詔曰義忠言親理正文直苟非意在愛君志存

王室何以臻此敢不置之枕席銘諸肺腑終老是戒更願公不替今日之志則天災不難弭太平可立俟也公既上疏謝復申戒不已願陛下待群臣不以同異為喜怒不以喜怒為用捨公始見上上問邊事公曰陛下即位之始當布德行惠願二十年口不言兵因以九事為戒八月以疾辭位拜武寧軍節度使同中書門下平章事判河南復以公請改亳州時方行青苗息錢法公以謂此法行則財聚於上人散於下且富民不願請願請者皆貧民後不可復得故持之不行而提舉常平倉趙濟劾公以大臣格新法法行當自貴近者始若置而不

問無以令天下乃除左僕射判汝州公言新法臣所不曉不可以復治郡願歸洛養疾許之尋請老拜司空復武寧節度及平章事進封韓國公致仕公雖居家而朝廷有大利害知無不言交趾叛詔郭逵等討之公言海嶠嶮遠不可以責其必進願詔逵等擇利進退以全王師契丹來爭河東地界上手詔問公公言熙河諸郡皆不足守而河東地界決不可許元豐三年官制行改授開府儀同三司是歲故參知政事王堯臣之子同老上言至和三年　仁宗弗豫其父堯臣嘗與文彦博劉沆及公同決大策乞立儲嗣　仁宗許之會翊日有瘳故緩

其事人無復知者以其父堯臣所撰詔草上之上以問
彦博彦博言與同老合上嘉公等勳績如此而終不自
言下詔以公為司徒且以其子紹京為閤門祗候六年
閏六月丙申薨于洛陽私第之正寢享年八十手封遺
表使其子上之世莫知其所言者上聞訃震悼為輟視
朝内出祭文遣使至奠所以賻卹其家者甚厚贈太尉
謚曰文忠十一月庚申葬于河南府河南縣金谷鄉南
張里公之配曰周國夫人晏氏後公四年卒子男三人
曰紹庭朝奉郎曰紹京供備庫副使後公一月卒曰紹
隆光禄寺丞早卒女四人長適保寧軍節度使北京留

守馮京卒又以其次繼室封安化郡夫人次適承議郎范大琮次適宣德郎范大珪孫男三人定方承事郎直清承奉郎直亮假承務郎公性至孝恭儉好禮與人言雖幼賤必盡敬氣色穆然終身不見喜慍然以單車入不測之虜廷詰其君臣折其口而服其心無一語少屈所謂大勇者乎其好善疾惡蓋出於天資常言君子小人如冰炭決不可以同器若兼收並用則小人必勝薰蕕雜處終必為臭其為宰相及判河陽最後請老家居凡三上章皆言天子無職事惟辨君子小人而進退之此天子之職也君子與小人並處其勢必不勝君子不

勝則奉身而退樂道無悶小人不勝則交結構扇千岐
萬轍必勝而後已小人復勝必遂肆毒於善良無所不
為求天下不亂不可得也其為文章辯而不華質而不
俚有文集八十卷天聖應詔集十一卷諫垣集三卷制
草五卷奏議十三卷表章三十卷河北安邊策一卷奉
使録四卷青州振濟策三卷平生所薦甚衆尤知名者
十餘人如王質與其弟素余靖張瓌石介孫復吴奎韓
維陳襄王鼎張昷之杜杞陳希亮之流皆有聞於世世
以為知人元祐元年六月有詔以公配享　神宗皇帝
廟庭明年以明堂恩加贈太師紹庭請于朝曰先臣墓

碑未立願有以寵綏之上為親篆其首曰顯忠尚德之碑且命臣軾撰次其事謹拜手稽首而獻言曰世未嘗無賢也自堯舜三代以至于今有是君則有是臣故仁宗 英宗至于神考咸有一德克享天心則天畀以人光明偉傑有如公者觀公之行事而味其平生則三宗之盛德可不問而知也古之人臣功高則身危名重則謗生故命世之士罕能以功名終始者臣觀三宗所以待公全其功名而保其終始蓋可謂至矣方契丹求割地上命宰相歷問近臣孰能為朕使虜者皆以事詞免公獨慨然請行使事既畢上欲用公公逡巡退避不

敢居而向之辭免者自耻其不行則惟公之怨比而讒
公無所不至及石介為慶曆聖德詩天下傳誦則大臣
疾公如仇構以飛語必欲致之死地　仁宗徐而察之
盡辨其誣卒以公為相及　英宗　神宗之世公已老
矣勲在史官德在生民天子虛己聽公西戎北狄視公
進退以為中國輕重然一趙濟敢摇之惟　神宗日月
之明知公愈深公雖請老有大政事必手詔訪問又追
論定策之勲以告天下寵及其子孫然後小人不敢復
議雍容進退卒為宗臣古人有言曰為君難為臣不易
豈不然哉公既配食清廟宜有頌詩以昭示來世其詞

曰五代八姓十有二君四十四年如絲之棼以人為嬉
以殺為儇兵交兩河腥聞于天上帝憎之命我祖宗畀
爾鑪椎往銷其鋒孰謂民遠我聞其呻寧爾小忍無殘
我民六聖受命維一其心敕其後人帝命是承勿剿刵
人矧敢好兵百三十年諱兵與刑惟彼北戎謂帝我驕
帝聞其言折其萌芽篤生萊公尺箠笞之既服既馴則
擾綏之堂堂韓公與萊相望再聘于燕北方以寧景德
元祀始盟契丹公生是歲天命則然公之在母秦國寤
驚旌旗鸛鴈降充其庭云有天赦已而生公天欲赦民
公啓其東北至燕然南至于河億萬維生公手撫摩水

潦荐饑散流而東五十萬人仰哺于公公之在内自泉
流瀕其在四方自葉流根百官維人百度維正相我三
宗重華協明帝謂公來隕星其堂有墳其丘公豈是藏
維嶽降神今歸不留臣軾作頌以配崧高

東坡集卷第三十七

[illegible]三十七

[illegible]跋摩中今講不[illegible]

宗並華協明帝謂公來[illegible]

[illegible]其在四方自[illegible]

[illegible]後流西東[illegible]十萬人[illegible]

東坡集卷第三十八

神道碑一首

趙清獻公神道碑一首

故太子少師清獻趙公既薨之三年其子屼除喪來告于朝曰先臣既葬而墓隧之碑無名與文無以昭示來世敢以請天子曰嘻兹予先正以惠術擾民如鄭子產以忠言摩士如晉叔向乃以愛直名其碑而又命臣軾為之文臣軾逮事　仁宗皇帝蓋甞竊觀天地之盛德而窺日月之光矣未甞行也而萬事莫不畢舉未甞視也而萬物莫不畢見非有他術也善於用人而已惟

清獻公擢自御史是時將用諫官御史必取天下第一流非學術才行備具為一世所高者不與用之至重故言行計從有不十年而為近臣者言不當有不旋踵而黜者是非明辨而賞罰必信故士居其官者少妄而天子穆然無為坐視其成功姦宄消亡而忠良全安此則清獻公與其僚之功也公諱抃字閱道其先京兆奉天人唐德宗世植為嶺南節度使植生隱為中書侍郎隱生光逢光裔並掌内外制皆為唐聞人五代之亂徙家于越公則植之十世從孫也曾祖諱曇深州司户叅軍祖諱湘廬州廬江尉始家于衢遂為西安人考諱亞永

廣州南海主簿公既貴贈曾祖太子太保妣陳氏安國太夫人祖司徒妣袁氏崇國太夫人俞氏光國太夫人考開府儀同三司封榮國公妣徐氏魏國太夫人徐氏越國太夫人公少孤且貧刻意力學中景祐元年進士乙科爲武安軍節度推官民有僞造印者吏皆以爲當死公獨曰造在赦前而用在赦後赦前不用赦後不造法皆不死遂以疑讞之卒免死一府皆服閱歲舉監潭之粮料歲滿改著作佐郎知建州崇安徙通判宜州卒有殺人當死者方繫獄病癰未潰公使醫療之得不瘐死會赦以免公愛人之周類如此未幾以越國喪廬于

墓三年不宿于家縣榜其所居里爲孝弟處士孫處爲作孝子傳終喪起知泰州海陵後知蜀州江原還通判泗州泗守昏不事事監司欲罷遣之公獨左右其政而晦其所以然使若權不已出者守得以善去濠守以廩賜不如法士卒謀欲爲變或以告守恐怖日未夕輒閉門不出轉運使徙公治濠公至從容如平日濠以無事曾公亮爲翰林學士未識公而以臺官薦召爲殿中侍御史彈劾不避權幸京師號公鐵面御史其言常欲朝廷別白君子小人以謂小人雖小過當力排而絶之後乃無患君子不幸而有詿誤當保持愛惜以成就其德

故言事雖切而人不厭温成皇后方葬始命叅知政事
劉沆監護其役及沆為相而領事如故公論其當罷以
全國體復言宰相陳執中不學無術且多過失章十二
上執中卒罷去王拱辰奉使契丹還為宣徽使公言拱
辰平生所為及奉使不如法事命遂寢復言樞密使王
德用翰林學士李淑不稱職皆罷去是時邵必為開封
推官以前任常州失入徙罪自舉遇赦而猶罷監邵武
酒税吴充鞠真卿發禮院吏代書事吏以贖論而充真
卿皆出知軍吕景初馬遵吴中復彈奏梁適適以罷相
而景初等隨亦被逐馮京言吴充鞠真卿刁約不當以

無罪黜而京亦奪修起居注公皆力言其非是必以復
職知軍充眞卿約景初遵皆召還京中復皆許補故闕
先是呂溱出守徐蔡襄守泉吳奎守壽韓絳守河陽已
而歐陽脩乞蔡賈黯乞荆南公即上言近日正人賢士
紛紛引去憂國之士為之寒心侍從之賢如脩輩無幾
今皆欲請郡者以正色立朝不能諂事權要傷之者衆
耳脩等由此不去一時名臣賴之以安　仁宗晚歲不
豫而太子未定中外兇懼及上既康復公請擇宗室賢
子弟教育於宮中封建任使以示天下大本已而求郡
得睦睦歲為杭市羊公為移文却之民籍有茶稅而無

茶地公為奏蠲之民至今稱焉移充梓州路轉運使未幾移益兩蜀地遠而民弱吏恣為不法州郡以酒食相饋餉衙前治廚傳破家相屬也公身帥以儉不從者請以違制坐之蜀風為之一變窮城小邑民或生而不識使者公行部無所不至父老驚喜相慰姦吏亦竦以右司諫召論事不折如前入內副都知鄧保信引退兵董吉以燒鍊出入禁中公言漢文成五利唐普思靜能李訓鄭注多依宦官以結主假藥術以市姦者也其漸不可啓宋庠為樞密使選用武臣多不如舊法至有訴於上前者公陳其不可陳升之除樞密副使公與唐介呂

誨范師道同言廾之交結宦官進不以道章二十餘上不省即居家待罪詔強起之乃乞補外二人皆相次去位公與言者亦罷公得虔州地遠而民好訟人謂公不樂公欣然過家上冢而去既至遇吏民簡易嚴而不苛悉召諸縣令告之爲令當自任事勿以事諉郡苟事辦而民悅吾一無所問令皆喜爭盡力虔事爲少獄以屢空改修鹽法踈鑿灨石民賴其利虔當二廣之衝行者常自我易舟而北公間取餘材造舟得百艘移二廣諸郡曰仕宦之家有父兄没而不能歸者皆移文以遣當具舟載之至者既悉授以舟復量給公使物歸者相繼

於道朝廷聞公治有餘力召知御史雜事不閱月為度支副使　英宗即位奉使契丹還未至除天章閣待制河北都轉運使時賈昌朝以使相判大名府公欲按視府庫昌朝遣其屬來告曰前此監司未有按視吾事者公雖欲舉職恐事有不應法柰何公曰捨大名則列郡不服矣即往視之昌朝初不說也前此有詔募義勇過期不足者徒二年州郡不時辦官吏當坐者八百餘人公被旨督其事奏言河朔頻歲豐熟故募不如數請寬其罪以俟農隙從之坐者得免而募亦隨足昌朝乃愧服曰名不虛得矣旋除龍圖閣直學士知成都公以寬

治蜀蜀人安之初公為轉運使言蜀人有以妖祀聚衆
為不法者其首既死其為從者宜特黥配及為成都適
有此獄其人皆懼意公必盡用法公察其無它曰是特
坐樽酒至此耳刑其為首者餘皆釋去蜀人愈愛之會
榮諲除轉運使陛辭上面諭曰趙某為成都中和之政
也　神宗即位召知諫院故事近臣自成都還將大用
必更省府不為諫官大臣為言上曰用趙某為諫官賴
其言耳苟欲用之何傷及謝上謂公聞卿匹馬入蜀以
一琴一龜自隨為政簡易亦稱是耶公知上意將用其
言即上跪論呂誨傅堯俞范純仁呂大防趙瞻趙鼎馬

默皆骨鯁敢言久譴不復無以慰搢紳之望上納其説
郭逵除簽書樞密院事公議不允公力言之即罷居三
月擢右諫議大夫參知政事感激思奮面議政事有不
盡者輒密啓聞上手詔嘉之公與富弼曾公亮唐介同
心輔政率以公議為主會王安石用事議論不協既而
司馬光詞樞密副使臺諫侍從多以言事求去公言朝
廷事有輕重體有大小財利於事為輕而民心得失為
重青苗使者於體為小而禁近耳目之臣用捨為大今
不罷財利而輕失民心不罷青苗使者而輕棄禁近耳
目去重而取輕失大而得小非宗廟社稷之福臣恐天

下自此不安矣言入即求去四上章不許熙寧三年四月復五上章除資政殿學士知杭州公素號寬厚杭之無賴子弟以此逆公皆駢聚為惡公知其意擇重犯者率黥配他州惡黨相帥遁去未幾徙青州因其俗朴厚臨以清淨時山東旱蝗青獨多麥蝗自淄齊來及境遇風退飛墮水而盡五年成都以戍卒為憂朝廷擇遣大臣為蜀人所愛信者皆莫如公遂以大學士知成都然意公必辭及見　上曰近歲無自政府復往者卿能為我行乎公曰陛下有言即法也豈顧有例哉上大喜公乞以便宜行事即日辭去至蜀默為經略而燕勞閑暇

如他日兵民晏然一日坐堂上有卒長在堂下公好諭之曰吾與汝年相若也吾以一身入蜀為天子撫一方汝亦宜清愼畏戢以帥衆比戍還得餘貲持歸為室家計可也人知公有善意轉相告語莫敢復為非者劔州民李孝忠集衆二百餘人私造符牒度人為僧或以謀逆告獄具公不畀法吏以意決之處孝忠以私造度牒餘皆得不死喧傳京師謂公脫逆黨朝廷取具獄閱之卒無以易也茂州蕃部鹿明玉等逢蝨聚境上肆為剽掠公亟遣部將帥兵討之夷人驚潰乞降願殺婢以盟公使喻之曰人不可用用三牲可也使至已縶婢引弓將

射心取血聞公命讙呼以聽事訖不殺一人居二歲乞
守東南為歸老計得越州吴越大饑民死者過半公盡
所以救荒之術發廩勸分而以家貲先之民樂從焉生
者得食病者得藥死者得藏下令脩城使民食其力故
越人雖饑而不怨復徙治杭杭旱與越等其民尤病既
而朝廷議欲築其城公曰民未可勞也罷之錢氏納國
未及百年而墳廟堙圮杭人哀之公奏因其所在歲度
僧道士各一人收其田租為歲時獻享營繕之費從之
且改妙因院為表忠觀公年未七十告老于朝不許請
之不已元豐二年二月加太子少保致仕時年七十二

矣退居于衢有溪石松竹之勝東南高士多從之游朝
廷有事郊廟再起公侍祠不至屼通判温州從公游天
台鴈蕩吳越間榮之屼代還得見上顧問公甚厚以屼
提舉浙東西常平以便其養屼復待公游杭始公自杭
致仕杭人留公不得行公曰六年當復來至是適六歲
矣杭人德公逆者如見父母以疾還衢有大星隕焉二
日而公薨實七年八月癸巳也訃聞天子輟視朝一日
贈太子少師十二月乙酉葬于西安蓮華山謚曰清獻
公娶徐氏東頭供奉官度之女封東平郡夫人先公十
年卒子二人長曰屼終杭州於潛縣令次即屼也今為

尚書考功員外郎公平生不治產業嫁兄弟之女以十
數皆如己女在官為人嫁孤女二十餘人居鄉葬暴骨
及貧無以斂且葬者施棺給薪不知其數少育於長兄
振振既沒思報其德將遷侍御史乞不遷以贈振大理
評事公為人和易溫厚周旋曲密謹繩墨蹈規矩與人
言如恐傷之平生不畜聲伎晚歲習為養氣安心之術
翛然有高舉意將薨晨起如平時帆侍側公與之訣詞
色不亂安坐而終不知者以為無意於世也然至論朝
廷事分別邪正慨然不可奪宰相韓琦嘗稱趙公真世
人標表蓋以為不可及也公為吏誠心愛人所至崇學校

禮師儒民有可與與之獄有可出出之治虔與成都尤為世所稱道　神宗凡擬二郡守必曰昔趙某治此最得其術馮京相繼守成都事循其舊亦曰趙公所為不可改也要之以惠利為本然至於治杭誅鋤強惡姦民屏迹不敢犯蓋其學道清心遇物而應有過人者矣銘曰蕭望之為太傅近古社稷臣其為馮翊民未有聞黄霸為潁川治行第一其為丞相名不迨昔孰如清獻公無適不宜邦之司直民之父師其在官守不專於寬時出猛政嚴而不殘其在言責不專於直為國愛人掩其疵疾蓋東郭順子之清孟獻子之賢鄭子產之政晉叔

向之言公兼而有之不幾於全乎

東坡集卷第三十八

東坡集卷第三十九

神道碑一首

司馬温公神道碑一首

墓誌四首

范景仁墓誌銘一首

亡妻王氏墓誌銘一首

乳母任氏墓誌銘一首

保母楊氏墓誌銘一首

司馬温公神道碑一首

上即位之三年朝廷清明百揆時叙民安其生風俗一

變異時薄夫鄙人皆洗心易德務爲忠厚人人自重恥
言人過中國無事四夷稽首請命惟西羌夏人叛服不
常懷毒自疑數入爲寇上命諸將按兵不戰示以形勢
不數月生致大首領鬼章青宜結闕下夏人十數萬寇
涇原至鎮戎城下五日無所得一夕遁去而西羌兀征
聲延以其族萬人來降黄河始決曹村既築靈平復決
小吴横流五年朔方騷然而今歲之秋積雨彌月河不
大溢及冬水入地益深有北流赴海復禹舊迹之勢凡
上所欲不求而獲而其所惡不麾而去天下曉然知天
意與上合庶幾復見至治之成家給人足刑措不用如

咸平景德閒也或以問臣軾上與　太皇太后安所施
設而及此臣軾對曰在易大有上九自天祐之吉無不
利孔子曰天之所助者順也人之所助者信也履信思
乎順又以尚賢也是以自天祐之吉無不利今　二聖
躬信順以先天下而用司馬公以致天下士應是三德
矣且以臣觀之公仁人也天相之矣何以知其然也曰
公以文章名於世而以忠義自結人主朝廷知之可也
四方之人何自知之士大夫知之可也農商走卒何自
知之中國知之可也九夷八蠻何自知之方其退居於
洛盷然如顏子之在陋巷纍然如屈原之在陂澤其與

民相忘也久矣而名震天下如雷霆如河漢如家至而日見之聞其名者雖愚無知如婦人孺子勇悍難化如軍伍夷狄以至於姦邪小人雖惡其害己仇而疾之者莫不斂衽變色咨嗟太息或至於流涕也元豐之末臣自登州入朝過八州以至京師民知其與公善也所在數千人聚而號呼於馬首曰寄謝司馬丞相愼毋去朝廷厚自愛以活百姓如是者蓋千餘里不絕至京師聞士大夫言公初入朝民擁其馬至不得行衛士見公擎跽流涕者不可勝數公懼而歸洛遼人夏人遣使入朝與吾使至虜中者虜必問公起居而遼人敕其邊吏曰

中國相司馬矣愼毋生事開邊隙其後公薨京師之民罷市而往弔粥衣以致奠巷哭以過車者蓋以千萬數上命户部侍郎趙瞻内侍省押班馮宗道護其喪歸葬瞻等既還皆言民哭公哀甚如哭其私親四方來會葬者蓋數萬人而嶺南封州父老相率致祭且作佛事以薦公者其詞尤哀炷薌於手頂以送公葬者凡百餘人而畫像以祠公者天下皆是也此豈人力也哉天相之也匹夫而能動天亦必有道矣非至誠一德其孰能使之記曰惟天下之至誠為能盡其性能盡其性則能盡人之性能盡人之性則能盡物之性能盡物之性則可

以賛天地之化育矣書曰惟尹躬曁湯咸有一德克享天心又曰德惟一動罔不吉德二三動罔不凶或以千金與人而人不喜或以一言使人而人死之者誠與不誠故也稽天之潦不能終朝而一綫之溜可以潦石者一與不一故也誠而一古之聖人不能加毫末於此矣而况公乎故臣論公之德至於感人心動天地巍巍如此而蔽之以二言曰誠曰一公諱光字君實其先河内人晉安平獻王孚之後王之裔孫征東大將軍陽始葬今陜州夏縣涑水鄉子孫因家焉曾祖諱政以五代衰亂不仕贈太子太保祖諱炫舉進士試秘書省校書郎終於耀州

富平縣令贈太子太傅考諱池寶元慶曆間名臣終於
兵部郎中天章閣待制贈太師温國公曾祖妣薛氏祖
妣皇父氏妣聶氏皆封温國太夫人公始以進士甲科
事　仁宗皇帝至天章閣待制知諫院始發大議乞立
宗子為後以安宗廟宰相韓琦等因其言遂定大計事
英宗皇帝為諫議大夫龍圖閣直學士論陝西刺義勇
為民患及内侍任守忠姦蠹乞斬以謝天下守忠竟以
譴死又論濮安懿王當準先朝封贈期親尊屬故事天
下義之事　神宗皇帝為翰林學士御史中丞西戎部
將嵬名山欲以横山之衆降公極論其不可納後必為

邊患已而果然勸帝不受尊號遂為萬世法及王安石
為相始行青苗助役農田水利謂之新法公首言其害
以身爭之當時士大夫不附安石言新法不便者皆倚
公為重帝以公為樞密副使公以言不行不受命乃以
為端明殿學士出知永興軍遂以留司御史臺及提舉
崇福宫退居於洛十有五年及上即位太皇太后攝政
起公為門下侍郎遷正議大夫遂稱左僕射公首更詔
書以開言路分别邪正進退其甚者十餘人旋罷保甲
保馬市易及諸道新行鹽鐵茶法最後遂罷助役青苗
方議取士擇守令監司以養民期於富而教之凛凛嚮

至治矣而公卧病以元祐元年九月丙辰朔薨于位享年六十八　太皇太后聞之慟上亦感涕不已時方祀明堂禮成不賀二聖皆臨其喪哭之哀甚輟視朝贈太師温國公襚以一品禮服謚曰文正官其親屬十人公娶張氏禮部尚書存之女封清河郡君先公卒追封温國夫人子三人童唐皆早亡康今為祕書省校書郎孫二人植桓皆承奉郎以元祐二年正月辛酉葬于陜之夏縣涑水南原之晁村上以御篆表其墓道曰忠清粹德之碑而其文以命臣軾臣蓋嘗為公行狀而端明殿學士范鎮取以志其墓矣故其詳不復再見而獨論其大

槩議者徒見　上與太皇太后進公之速用公之盡而
不知　神宗皇帝知公之深也自士庶人至于卿大夫
相與為賓師朋友道足以相信而權不足以相休戚然
猶同已則親之異已則踈之未有聞過而喜受誨而不
怒者也而況於君臣之間乎方熙寧中朝廷政事與公
所言無一不相違者書數十上皆盡言不諱蓋自敵以
下所不能堪而　先帝安受之非特不怒而已乃欲以
為左右輔弼之臣至為敘其所著書讀之於邇英閣不深
知公而能如是乎二聖之知公也知之於既同而　先
帝之知公也知之於方異故臣以先帝為難昔齊神武

皇帝寢疾告其子世宗曰侯景專制河南十四年矣諸
將皆莫能敵惟慕容紹宗可以制之我故不貴留以遺
汝而唐太宗亦謂高宗汝於李勣無恩我今責出之汝
當授以僕射乃出勣爲疊州都督夫齊神武唐太宗雖
未足以比隆　先帝而紹宗與勣亦非公之流然古之
人君所以爲其子孫長計遠慮者類皆如此盜　其身不
受知人之名而使其子專享得賢之利　先帝知公如
此而卒不盡用安知其意不出於此乎臣既書其事乃
拜手稽首而作詩曰
於皇上帝子惠我民孰堪顧天惟聖與仁聖子受命如

三ㄧ八六

堯之初神毋詔之匪亟匪徐聖神無心孰左右之民自
擇相我興授之其相惟何太師温公公來自西一馬二
童萬人環之如渴赴泉孰不見公莫如我先二聖忘已
惟公是式公亦無我惟民是度民曰樂哉既相司馬爾
賈于途我耕于野士曰時哉既用君實我後子先時不
可失公如麟鳳不鷙不搏羽毛畢朝雄狡率服爲政一
年疾病半之功則多矣百年之思知公于異識公于微
匪公之思神考是懷天子萬年四夷來同薦于清廟神
考之功

墓誌四首

范景仁墓誌銘一首

熙寧元豐間士大夫論天下賢者必曰君實景仁其道德風流足以師表當世其議論可否足以榮辱天下二公蓋相得歡甚皆自以為莫及曰吾與子生同志死當同傳而天下之人亦無敢優劣之者二公既約更相為傳而後死者則誌其墓故君實為景仁傳其略曰吕獻可之先見景仁之勇決皆予所不及也軾幸得游二公間知其平生為詳蓋其用捨大節皆不謀而同如仁宗時論立皇嗣　英宗時論濮安懿王稱號　神宗時論新法其言若出一人相先後如左右手故君實常謂

人曰吾與景仁兄弟也但姓不同耳然至於論鍾律則反復相非終身不能相一君子是以知二公非苟同者君實之没軾既狀其行事以授景仁景仁誌其墓而軾表其墓道今景仁之墓其子孫皆以爲君實既没非子誰當誌之且吾先君子之益友也其可以辭公姓范氏諱鎮字景仁其先自長安徙蜀六世祖隆始葬成都之華陽曾祖諱昌祐妣索氏祖諱璲妣張氏累世皆不仕考諱度贈開府儀同三司妣李氏贈榮國太夫人龐氏贈昌國太夫人開府以文藝節行爲蜀守張詠所知有子三人長曰鎡終隴城令次曰鍇終衛尉寺丞公其季

也四歲而孤從二兄爲學薛奎守蜀道遇鎡求士可客
者鎡以公對公時年十八奎與語奇之曰大范恐不壽
其季廊廟人也還朝與公俱或問奎入蜀所得曰得一
偉人當以文學名於世時故相宋庠與弟祁名重一時
見公稱之祁與爲布衣交由是名動場屋舉進士爲禮
部第一故事殿廷唱第過三人則禮部第一人者必越
次抗聲自陳因擢置上第公不肯自言至第七十九人
乃出拜退就列無一言廷中皆異之釋褐爲新安主簿
宋綬留守西京召置國子監使教諸生秩滿又薦諸朝
爲東監直講用叅知政事王舉正薦召試學士院除館

閣校勘充編修唐書官當遷校理宰相龐籍言公有異材恬於進取特除直祕閣為開封府推官擢起居舍人知諫院兼管句國子監上疏論民力困弊請約祖宗以來官吏兵數酌取其中為定制以今賦入之數十七為經費而儲其三以備水旱非常又言古者冢宰制國用唐以宰相兼鹽鐵轉運或判戶部度支今中書主民樞密主兵三司主財各不相知故財已匱而樞密益兵無窮民已困而三司取財不已請使中書樞密通知兵民財利大計與三司同制國用葬溫成皇后太常議禮前謂之園後謂之園陵宰相劉沆前為監護使後為園陵

使公言嘗聞法吏舞法矣未聞禮官舞禮也請詰問前
後議異同狀又請罷焚瘞錦繡珠玉以紓國用從之時
有赦凡内降不如律令者令中書樞密院及所屬執奏
未及一月而内臣無故改官者一日至五六人公乞正
大臣被詔故違不執奏之罪石全斌以護温成葬除觀
察使凡治葬事者皆遷兩官公言章獻章懿章惠三太
后之葬推恩皆無此比乞追還全斌等告敕文彦博富
弼入相百官郊迎時兩制不得詣宰相居第百官不得
間見公言隆之以虛禮不若開之以至誠乞罷郊迎而
除謁禁以通天下之情議減任子及每歲取士皆公發

公獨奮曰天下事尚有大於此者乎即上疏曰太祖
三十五年未有繼嗣嘉祐初得疾中外危恐不知所為
其然閨門之私非所以養宰相識者韙之 仁宗即位
今陰陽不和財匱民困盜賊滋熾獄犴充斥執中當任
宰相器及執中嬖妾笞殺婢御史劾奏欲逐去之公言
獨引大體略細故時陳執中為相公嘗論其無學術非
言 仁宗性寬容言事者務訐以為名或誣人陰私公
之不役其能乃所以睦族也雖不行至熙寧初卒如公
恐天下謂朕不能睦族耳公曰陛下甄別其賢者顯用
之又乞令宗室屬疏者補外官 仁宗曰卿言是也顧

捨其子而立　太宗此天下之大公也周王既薨　眞
宗取宗室子養之宮中此天下之大慮也願陛下以
太祖之心行　眞宗故事擇宗室賢者異其禮物而試
之政事以系天下心章累上不報因闔門請罪會有星
變其占為急兵公言國本未立若變起倉卒禍不可以
前料兵孰急於此者乎今陛下得臣疏不以留中而付
中書是欲使大臣奉行也臣兩至中書大臣皆設辭以
拒臣是陛下欲為宗廟社稷計而大臣不欲也臣竊原
其意特恐行之而陛下中變耳中變之禍不過於死而
國本不立萬一有如天象所告急兵之憂則其禍豈獨

一死而已哉夫中變之禍死而無愧急兵之憂死且有
罪願以此示大臣使自擇而審處焉聞者為之股栗除
兼侍御史知雜事公以言不從固辭不受執政謂公上
之不豫大臣嘗建此策矣今閒言已入為之甚難公復
移書執政曰事當論其是非不當問其難易速則濟緩
則不及此聖賢所以貴機會也諸公言今日難於前日
安知他日不難於今日乎凡見上面陳者三公泣上亦
泣曰朕知卿忠卿言是也當更俟三二年凡章十九上
待罪百餘日須髮為白朝廷不能奪乃罷知諫院改集
賢殿修撰判流內銓修起居注除知制誥公雖罷言職

而無歲不言儲嗣事以　仁宗春秋益高每因事及之冀以感動上心及為知制誥正謝上殿面論之曰陛下許臣今復三年矣願早定大計明年又因袷享獻賦以諷其後韓琦卒定策立　英宗遷翰林學士充史館修撰改右諫議大夫　英宗即位遷給事中充　仁宗山陵禮儀使坐誤遷宰臣官改翰林侍讀學士復為翰林學士中書奏請追尊濮安懿王下兩制議以為宜稱皇伯高官大國極其尊榮非執政意更下尚書省集議已而臺諫爭言其不可乃下詔罷議令禮官檢詳典禮以聞公時判太常寺率禮官上言漢宣帝於昭帝為孫光

武於平帝為祖則其父容可以稱皇考然議者猶非之謂其以小宗而合大宗之統也今陛下既考　仁宗又考濮安懿王則其失非特漢宣光武之比矣凡稱帝若皇若皇考立寢廟論昭穆皆非是於是具列儀禮及漢儒論議魏明帝詔為五篇奏之以翰林侍讀學士出知陳州陳饑公至三日發庫廩三萬貫石以貸不及奏監司繩之急公上書自劾詔原之是歲大熟所貸悉還陳人至今思之　神宗即位遷禮部侍郎召還復為翰林學士兼侍讀群牧使句當三班院知通進銀臺司公言故事門下封駁制敕省審章奏糾舉違滯著於所授

敕其後刋去故職寖廢請復之使知所守從之糾察在
京刑獄王安石為政始變更法令改常平為青苗法公
上疏曰常平之法始於漢之盛時視穀貴賤發斂以便
農末最為近古不可改而青苗行於唐之衰亂不足法
且陛下疾富民之多取而少取之此正百步與五十步
之間耳今有二人坐市貿易一人下其直以相傾奪則
人皆知惡之其可以朝廷而行市道之所惡乎疏三上
不報邇英閣進讀與吕惠卿爭論上前因論舊法預買
紬絹亦青苗之比公曰預買亦敝法也若陛下躬節儉
府庫有餘當并預買去之奈何更以為比乎韓琦上疏

極論新法之害安石使送條例司疏駁之諫官李常乞
罷青苗錢安石令常分析公皆封還其詔詔五下公執
如初司馬光除樞密副使光以所言不行不敢就職詔
許詞免公再封還之上知公不可奪以詔直付光不由
門下公奏由臣不才使陛下廢法有司失職乞解銀臺
司許之會有詔舉諫官公以軾應詔而御史知雜謝景
温彈奏軾罪公又舉孔文仲為賢良文仲對策極論新
法之害安石怒罷文仲歸故官公上疏爭之不報時年
六十三即上言臣言不行無顔復立於朝請致仕疏五
上最後指言安石以喜怒賞罰事曰陛下有納諫之資

大臣進拒諫之計陛下有愛民之性大臣用殘民之術
安石大怒自草制極口詆公落翰林學士以本官致仕
聞者皆為公懼公上表謝其略曰雖曰乞身而去敢忘
憂國之心又曰望陛下集群議為耳目以除壅蔽之姦
任老成為腹心以養和平之福天下聞而壯之安石雖
詆之深人更以為榮焉公既退居專以讀書賦詩自娛
客至輒置酒盡歡或勸公稱疾杜門公曰死生禍福天
也吾其如天何同天節乞隨班上壽許之遂著為令久
之歸蜀與親舊樂飲賑施其貧者朞年而後還軾得罪
下御史臺獄索公與軾往來書疏文字甚急公猶上書

救軾不已朝廷有大事輒言之官制行改正議大夫今
上即位遷光祿大夫初　英宗即位祔　仁宗主而遷
僖祖及　神宗即位復還僖祖而遷　順祖公上言
太祖起宋州有天下與漢高祖同　僖祖不當復還乞
下百官議不報及上即位公又言乞遷僖祖正　太祖
東嚮之位時年幾八十矣韓維上言公在　仁宗朝首
開建儲之議其後大臣繼有論奏　先帝追録其言存
没皆推恩而鎮未嘗以語人人亦莫為言者雖顔子不
伐善介之推不言祿不能過也悉以公十九疏上之拜
端明殿學士特詔長子清平縣令百揆改宣德郎且起

公兼侍讀提舉中太一宮詔語有曰西伯善養二老來歸漢室卑詞四臣入侍為我強起無或憚勤公固詞不起天下益高之改提舉嵩山崇福宮公仲兄之孫祖禹為著作郎謁告省公于許因復賜詔及龍茶一合存問甚厚數月復告老進銀青光禄大夫再致仕初 仁宗命李照改定大樂下王朴樂三律皇祐中又使胡瑗等考正公與司馬光皆與公上疏論律尺之法又與光往復論難凡數萬言自以為獨得於心元豐三年 神宗詔公與劉几定樂公曰定樂當先正律上曰然雖有師曠之聰不以六律不能正五音公作律尺龠合升斗豆

區龢斛欲圖上之又乞訪求真黍以定黄鍾而劉几即
用李照樂加用四清聲而奏樂成詔罷局賜賚有加公
謝曰此劉几樂也臣何與焉及提舉崇福宫欲造樂獻
之自以為嫌乃先請致仕既得謝請太府銅為之逾年
乃成比李照樂下一律有奇二聖御延和殿召執政同
觀賜詔嘉獎以樂下太常詔三省侍從臺閣之臣皆往
觀焉時公已屬疾樂奏三日而薨實元祐三年閏十二
月癸卯朔享年八十一計聞輟視朝一日贈右金紫光
禄大夫謚曰忠文公雖以上壽貴顯考終於家無所憾
者而士大夫惜其以道德事明主閲三世皆以剛方難

合故雖用而不盡及上即位求人如不及厚禮以起公而公已老無意於世矣故聞其喪哭之皆哀公清明坦夷表裏洞達遇人以誠恭儉慎默口不言人過及臨大節決大議色和而語壯常欲繼之以死雖在萬乘前無所屈篤於行義奏補先族人而後子孫鄉人有不克婚葬者輒爲主之客其家者常十餘人雖僦居陋巷席地而坐飲食必均兄鎡卒于隴城無子聞其有遺腹子在外公時未仕徒步求之兩蜀間二年乃得之曰吾兄異於人體有四乳是兒亦必然已而果然名之曰百常以公蔭今為承議郎公少受學於鄉先生龐直溫直溫之

子昉卒於京師公娶其女為孫婦養其妻子終身其學
本於六經仁義口不道佛老申韓異端之說其文清麗
簡遠學者以為師法凡二入翰林知嘉祐二年六年八
年及治平二年貢舉門生滿天下貴顯者不可勝數詔
修唐書　仁宗實録玉牒日曆類篇凡朝廷有大述作
大議論未嘗不與契丹高麗皆知誦公文賦少時嘗賦
長嘯却胡騎及奉使契丹虜相目曰此長嘯公也其後
兄子百禄亦使虜虜首問公安否有文集一百卷諫垣集
十卷内制集三十卷外制集十卷正言三卷樂書三卷
國朝韻對三卷國朝事始一卷東齋記事十卷刀筆八

卷積勳柱國累封蜀郡開國公食邑加至二千六百户
實封五百户娶張氏追封清河郡君再娶李氏封長安
郡君子男五人長曰燕孫未名而卒次百揆宣德郎監
中岳廟次百嘉承務郎先公一年卒次百歲太康主簿
先公六年卒次百慮承務郎女一人嘗適左司諫吳安
詩復歸以卒孫男十人祖直襄州司户參軍祖朴長社
主簿祖野祖平假承務郎祖封右承奉郎祖耕承務郎
祖溥祖舒祖京祖恩孫女六人曾孫女三人公晚家于
許許人愛而敬之其薨也里人皆出涕以元祐四年八
月己未葬于汝之襄城縣汝安鄉推賢里夫人李氏祔

公始以詩賦爲名進士及爲館閣侍從以文學稱雖屢
諫爭及論儲嗣事朝廷信其忠然事頗祕世亦未盡知
也其後議濮安懿王稱號守禮不回而名益重及論熈
寧新法與王安石呂惠卿辨論至廢黜不用然後天下
翕然師尊之無貴賤賢愚謂之景仁而不敢名有爲不
義必畏公知之公既得謝軾往賀之曰公雖退而名益
重矣公愀然不樂曰君子言聽計從消患於未萌使天
下陰受其賜無智名無勇功吾獨不得爲此命也夫使
天下受其害而吾享其名吾何心哉軾以是愧公銘曰
凡物之生莫累於名人顧趨之以累爲榮神人無名欲

知者希人顧憂之以希為悲兕盜 以來孰擅茲器嗟嗟先生名所不置君實在洛公在頴昌皆欲忘民民不汝忘君實既來遁歸于洛絷而維之莫之勝脫為天相君為君牧民道遠年徂卒徇以身公獨堅臥三詔不起遂解天刑竟以樂死世皆謂公貴身賤名孰知其功聖人之清貪夫以廉懦夫以立不尸其功無喪無得君實之用出而時施如彼水火盜 除渴飢公雖不用亦相其行如彼山川出雲相望公維蜀人乃葬于汝子孫不忘尚告來者

亡妻王氏墓誌銘一首

治平二年五月丁亥趙郡蘇軾之妻王氏卒於京師六月甲午殯于京城之西其明年六月壬午葬於眉之東北彭山縣安鎮鄉可龍里先君先夫人墓之西北八步軾銘其墓曰君諱弗眉之青神人鄉貢進士方之女生十有六年而歸于軾有子邁君之未嫁事父母既嫁事吾先君先夫人皆以謹肅聞其始未嘗自言其知書也見軾讀書則終日不去亦不知其能通也其後軾有所忘君輒能記之問其他書則皆略知之由是始知其敏而靜也從軾官于鳳翔軾有所為於外君未嘗不問知其詳曰子去親遠不可以不慎日以先君之所以戒軾

者相語也軾與客言於外君立屛間聽之退必反覆其言曰某人也言輒持兩端惟子意之所嚮子何用與是人言有來求與軾親厚甚者君曰恐不能久其與人銳其去人必速已而果然將死之歲其言多可聽類有識者其死也蓋年二十有七而已始死先君命軾曰婦從汝于艱難不可忘也他日汝必葬諸其姑之側未朞年而先君没軾謹以遺令葬之銘曰

君得從先夫人于九原余不能嗚呼哀哉余永無所依怙君雖没其有與為婦何傷乎嗚呼哀哉

乳母任氏墓誌銘一首

趙郡蘇軾子瞻之乳母任氏名採蓮眉之眉山人父遂
母李氏事先夫人三十有五年工巧勤儉至老不衰乳
亡姊八娘與軾養視軾之子邁迨過皆有恩勞從軾官
于杭密徐湖謫于黃元豐三年八月壬寅卒于黃之臨
皐亭享年七十有二十月壬午葬于黃之東阜黃岡縣
之北銘曰
生有以養之不必其子也死有以葬之不必其里也我
祭其從與享之其魂氣無不之也

保母楊氏墓誌銘一首

先夫人之妾楊氏名金蟬眉山人年三十始隸蘇氏頴

然順善也為弟轍子由保毋年六十八熙寍十年六月己丑卒於徐州屬纊不亂子由官於宋載其柩殯於開元寺後八年軾自黄遷汝過宋葬之於宋東南三里廣壽院之西實元豐八年二月壬午也銘曰

百世之後陵谷易位知其為蘇子之保毋尚勿毀也

東坡集卷第三十九

百世之人猶愛陵谷易位其[illegible]所毀也
書院久西貫元豐八年二月壬午也[illegible]
元吉後八年朝自黃巖改道來[illegible]東西三里[illegible]
己丑卒於[illegible]
[illegible]

東坡集卷第四十

釋教二十三首

阿彌陁佛頌一首

魚枕冠頌一首

送壽聖聰長老偈一首

朱壽昌梁武懺贊偈一首

玉石偈一首

地獄變相偈一首

磨衲贊一首

小篆般若心經贊一首

金山長老寶覺師眞贊一首

資福白長老眞贊一首

光道人眞贊一首

淨因淨照臻老眞贊一首

書楞伽經後一首

書黄魯直李氏傳後一首

書正信和尚塔銘後一首

勝相院經藏記一首

元豐三年歲在庚申有大比丘惟簡號曰寶月修行如幻三摩鉢提在蜀成都大聖慈寺故中和院賜名勝相以無量寶黄金丹砂琉璃眞珠旃檀衆香莊嚴佛語及菩薩語作大寶藏湧起于海有大天龍背負而出及諸

小龍糾結環繞諸化菩薩及護法神鎮守其門天魔鬼神各執其物以禦不祥是諸衆寶及諸佛子光色聲香自相磨激璀璨芳郁玲瓏宛轉生出諸相變化無窮不假言語自然顯見苦空無我無量妙義凡見聞者隨其根性各有所得如衆飢人入於太倉雖未得食已有飽意又如病人遊於藥市聞衆藥香病自衰減更能取米作無礙飯恣食取飽自然不飢又能取藥以療衆病衆病有盡而藥無窮須臾之間無病可療以是因緣度無量衆時見聞者皆爭捨施富者出財壯者出力巧者出技皆舍所愛及諸結習而作佛事求脫煩惱濁惡苦海

有一居士其先蜀人與是比丘有大因緣去國流浪在江淮間聞是比丘作是佛事即欲隨衆舍所愛習周視其身及其室廬求可捨者了無一物如焦穀芽如石女兒乃至無有毫髮可捨私自念言我今惟有無始已來結習口業妄言綺語論説古今是非成敗以是業故所出言語猶如鍾磬黼黻文章悦可耳目如人善博日勝日負自云是巧不知是業今捨此業作寶藏偈願我今者作是偈已盡未來世永斷諸業客塵妄想及諸理障一切世間無取無舍無憎無愛無可無不可時此居士稽首西望而説偈言

我遊衆寶山見山不見寶巖谷及草木虎豹諸龍虵雖
知寶所在欲取不可得復有求寶者自言已得寶見寶
不見山亦未得寶故譬如夢中人未嘗知是夢既知是
夢已所夢即變滅見我不見夢因以我為覺不知眞覺
者覺夢兩無有我觀大寶藏如以蜜說甜衆生未諭故
復以甜說蜜甜蜜更相說千劫無窮盡自蜜及甘蔗查
棃與橘柚說甜而得酸以及鹹辛苦忽然反自味舌根
有甜相我爾默自知不煩更相說我今說此偈於道亦
云遠如眼根自見是眼非我有當有無耳人聽此非舌
言於一彈指頃洗我千劫罪

大悲閣記一首

大悲者觀世音之變也觀世音由聞而覺始於聞而能無所聞始於無所聞而能無所不聞能無所聞雖無身可也能無所不聞雖千萬億身可也而況於手與目乎雖然非無身無以舉千萬億身之衆非千萬億身無以示無身之至故散而為千萬億身聚而為八萬四千毋陁羅臂八萬四千清淨寶目其道一爾昔吾嘗觀於此吾頭髮不可勝數而身毛孔亦不可勝數牽一髮而頭為之動拔一毛而身為之變然則髮皆吾頭而毛孔皆吾身也彼皆吾頭而不能為頭之用彼皆吾身而不能

具身之智則物有以亂之矣吾將使世人左手運斤而右手執削目數飛鴈而耳節鳴鼓首肯旁人而足識梯級雖有智者有所不暇矣而況千手異執而千目各視乎及吾燕坐寂然心念凝默湛然如大明鏡人鬼鳥獸雜陳乎吾前色聲香味交遘乎吾體心雖不起而物無不接接必有道即千手之出千目之運雖未可得見而理則具矣彼佛菩薩亦然雖一身不成二佛而一佛能遍河沙諸國非有它也觸而不亂至而能應理有必至而何獨疑於大悲乎成都西南大都會也佛事最勝而大悲之像未睹其傑有法師敏行者能讀內外教博通

其義欲以如幻三昧為一方首乃以大旃檀作菩薩像端嚴妙麗具慈愍性手臂錯出開合捧執指彈摩拊千態具備手各有目無妄舉者復作大閣以覆菩薩雄偉壯峙工與像稱都人作禮因敬生悟余游於四方二十餘年矣雖未得歸而想見其處敏行使其徒法震乞文為道其所以然者且頌之曰

吾觀世間人兩目兩手臂物至不能應狂惑失所措其有欲應者顛倒作思慮思慮非真實無異無手目菩薩千手目與一手目同物至心亦至曾不作思慮隨其所當應無不得其當引弓挾白羽劔盾諸械器經卷及香

華盂水青楊枝珊瑚大寶炬白拂朱藤杖所遇無不執所執無有疑緣何得無疑以我無心故若猶有心者千手當千心一人而千心内自相攫攘何暇能應物千手無一心手手得其處稽首大悲尊願度一切衆皆證無心法皆具千手目

真相院釋迦舍利塔銘一首 并敘

洞庭之南有阿育王塔分葬釋迦如來舍利嘗有作大施會出而浴之者緇素傳捧涕泣作禮有比丘竊取其三色如含桃大如薏苡將寘之他方為衆生福田久而不能以授白衣方子明元豐三年軾之弟轍謫官高安

子明以畀之七年軾自齊安恩徙臨汝過而見之八年移守文登召為尚書禮部郎過濟南長清眞相院僧法泰方為塼塔十有三成峻峙蟠固人天鬼神所共瞻仰而未有以葬軾默念曰予弟所寶釋迦舍利意將止於此耶昔予先君文安主簿贈中大夫諱洵先夫人武昌太君程氏皆性仁行廉崇信三寶捐館之日追述遺意捨所愛作佛事雖力有所止而志則無盡自頃憂患廢而不舉將二十年矣復廣前事庶幾在此泰聞踊躍明年來請於京師探篋中得金一兩銀六兩使歸求之衆人以具棺槨銘曰

如來法身無有邊化為丈六示人天偉哉有形斯有年
紫金光聚飛為煙惟有堅固百億千輪王阿育願力堅
役使空界鬼與仙分置衆刹莫山川棺槨十襲閟精圜
神光晝夜發層巓誰其取此智且權佛身普現衆目前
昬者坐受遠近遷冥行黒月墮坎泉分身來化會有緣
流轉至此誰使然并包齊魯窮海壖懭悍柔淑冥愚賢
願持此福達我先生生世世離垢纏

大别方丈銘一首

閉目而視目之所見冥冥蒙蒙掩耳而聽耳之所聞隱
隱隆隆耳目雖廢見聞不斷以摇其中孰能開目而未

甞視如鑑寫容孰能傾耳而未甞聽如究受風不視而
見不聽而聞根在塵空湛然虚明遍照十方地獄天宫
蹈冒水火出入金石無往不通我觀大别三門之外大
江方東東西萬里千溪百谷為江所同我觀大别方丈
之内一燈常紅門閉不開光出于隙睦如長虹問何為
然笑而不荅寄之盲聾但見厖然秀眉月面純漆點瞳
我作銘詩相其木魚與其鼓鐘

法雲寺鍾銘一首 幷敘

元豐七年十月有詔大長老圜通禪師法秀住法雲寺
寺成而未有鍾大檀越駙馬都尉武勝軍節度觀察留

後張敦禮與冀國大長公主唱之從而和者若干人元祐元年四月鐘成萬斤東坡居士蘇軾為之銘曰

有鍾誰為撞有撞誰撞之三合而後鳴聞所聞為五闕一不可得汝則安能聞汝聞竟安在耳視目可聽當知所聞者鳴寂寂時鳴大圜空中師獨處高廣座卧士無所著人引非引人二俱無所說而說無說法法法雖無盡問則應曰三汝應如是聞不應如是聽

邵伯埭鐘銘一首 并敘

邵伯埭之東寺僧子康募千人為千斤銅鐘蜀人蘇軾為之銘曰

無量智慧火燒此無明銅戒定以為模鑄成無漏鍾以
汝平等手執彼慈悲撞聲從無有出遍滿無邊空

淡軒銘一首

以舩撐舩舩不行以鼓打鼓鼓不鳴子欲察味而辨色
何不坐於淡軒之上出淡語以問淡叟則味自味而色
自形吾然後知淡叟之不淡蓋將盡口眼之變而起無
窮之爭其自謂叢林之一害豈虛名也哉

石恪畫維摩頌一首

我觀衆工工一師人持一藥療一病風勞欲寒氣欲暖
肺肝胃腎更相克挾方儲藥如丘山卒無一藥堪施用

有大醫王拊掌笑謝遣衆王病隨愈問大醫王以何藥
還是衆工所用者我觀三十二菩薩各以意談不二門
而維摩詰默無語三十二義一時墮我觀此義亦不墮
維摩初不離是說譬如油蠟作燈燭不以火點終不明
忽見默然無語處三十二說皆光焰佛子若讀維摩經
當作是念爲正念我觀維摩方丈室能受九百萬菩薩
三萬二千師子坐皆悉容受不迫迮又能分布一鉢飯
饜飽十方無量衆斷取妙喜佛世界如持鍼鋒一棗葉
云是菩薩不思議住大解脱神通力我觀石子一處士
麻鞋破帽露兩肘能使筆端出維摩神力又過維摩詰

若云此畫無實相毗耶城中亦非實佛子若見維摩像
應作此觀爲正觀

阿彌陁佛頌一首 并敘

錢塘圓照律師普勸道俗歸命西方極樂世界阿彌陁佛眉山蘇軾敬捨亡母蜀郡太君程氏遺留簪珥命工胡錫采畫佛像以薦父母冥福謹再拜稽首而獻頌曰

佛以大圓覺充滿河沙界我以顛倒想出没生死中云何以一念得往生淨土我造無始業本從一念生既從一念生還從一念滅生滅滅盡處則我與佛同如投水海中如風中鼓橐雖有大聖智亦不能分别願我先父

毋與一切衆生在處為西方所遇皆極樂人人無量壽無往亦無來

魚枕冠頌一首

瑩淨魚枕冠細觀初何物形氣偶相値忽然而為魚不幸遭網罟剖魚而得枕方其得枕時是枕非復魚湯火就模範巉然冠五岳方其為冠時是冠非復枕成壞無窮已究竟亦非冠假使未變壞送與無髮人簪道亦無所施是名為何物我觀此幻身已作露電觀而况身外物露電亦無有佛子慈悶故願受我此冠若見冠非冠即知我非我五濁煩惱中清浮常歡喜

送壽聖聰長老偈一首并敘

佛說作止任滅是謂四病如我所說亦是諸佛四妙法門我今亦作亦止亦任亦滅滅則無作作則無止止則無任任則無滅是四法門更相掃除火出木盡灰飛煙滅如佛所說不作不止不任不滅是則滅病否即任病如我所說亦作亦止亦任亦滅是則作病否即止病我與佛說既同是法亦同是病昔維摩詰默然無語以對文殊而舍利弗亦復默然以對天女此二人者有何差別我以是知苟非其人道不虛行時長老聰師自筠來黄復歸於筠東坡居士爲說偈言

珍重壽聖師聽我送行偈願閔諸有情不斷一切法人言眼睛上一物不可住我謂如虛空何物住不得我亦非然我而不然彼義然則兩皆然否則無然者

朱壽昌梁武懺贊偈一首

我觀世間諸得道者多因苦惱苦惱之極無所告訴則呼父母父母不聞仰而呼天天不能救則當歸命於佛世尊佛以大悲方便開示令知諸苦以愛為本得愛則喜犯愛則怒失愛則悲傷愛則懼而此愛根何所從生展轉觀察愛盡苦滅得安樂處諸佛亦言愛別離苦父母離別其苦無量於離別中生離最苦有大長者曰朱

壽昌生及七歲而母捨去長大懷思涕泣追求刺血寫經禮佛懺悔四十餘年乃見其母念報佛恩欲度衆苦觀諸教門切近周至莫如梁武所說懺悔文既繁重旨亦淵祕一切衆生有不能了乃以韻語諧諸音律使一切人歌詠讚歎獲福無量時有居士蜀人蘇軾見聞隨喜而說偈曰

長者失母常自念言母本生我我生母去有我無母不如無我誓以此身出生入死母若不見我亦隨盡在衆人中猶如狂人終日皇皇四十餘年乃見其母我初不記母之長短大小肥瘠云何一見便知是母母子天性

自然冥契如磁石鍼不謀而合我未見母不求何獲既
見母已即無所求諸佛子等歌詠懺文既懺罪已當求
佛道如我所説作求母觀

玉石偈一首

嘻嘻呼呼三伏中草木生煙地生火遺君玉石百有八
願君置之白石盆注以碧蘆井中泉遺君肝肺涼如水
熱惱既除心自定當觀熱相無去來寒至折膠熱流金
是我法身一呼吸寒人者氷熱者火氷火初不自寒熱
一切世間我四大畢竟誰受寒熱者願以法水浸摩尼
當觀此石如瓦礫

地獄變相偈一首

我聞吴道子初作酆都變都人懼罪業兩月罷屠宰此畫無實相筆墨假合成譬如說食飽何從生怖汗乃知法界性一切惟心造若人了此言地獄自破碎

磨衲賛一首 并敘

長老佛印大師了元遊京師　天子聞其名以高麗所貢磨衲賜之客有見而歎曰嗚呼善哉未曾有也嘗試與子攝其齋衽循其鉤絡舉而振之則東盡嵎夷西及昧谷南放交趾北屬幽都紛然在吾箴孔綫蹊之中矣佛印听然而笑曰甚矣子言之陋也吾以法眼視之一

一箴孔有無量世界滿中衆生所有毛竅所衣之衣箴
孔綫蹊悉為世界如是展轉經八十反吾佛光明之所
照與吾君聖德之所被如以大海注一毛竅如以大地
塞一箴孔曾何嵎夷昧谷交趾幽都之足云乎當知此
衲非大非小非短非長非重非輕非薄非厚非色非空
一切世間折膠墮指此衲不寒礫石流金此衲不熱五
濁流浪此衲不垢劫火洞然此衲不壞云何以有思惟
心生下劣想於是蜀人蘇軾聞而賛之曰匣而藏之見
衲而不見師衣而不匣見師而不見衲惟師與衲非一
非兩眇而視之蟣蝨龍象

小篆般若心經贊一首

草隸用世今千載少而習之手所安如舌於言無揀擇終日應對惟所問忽然使作大小篆如正行走值墻壁縱復學之能粗通操筆欲下仰尋索譬如鸜鵒學人語所習則能否則默心存形聲與點畫何暇復求字外意世人初不離世間而欲學出世間法舉足動念皆塵垢而以俄頃作禪律禪律若可以作得所不作處安得禪善哉李子小篆字其間無篆亦無隸心忘其手手忘筆筆自落紙非我使正使忽忽不少暇倏忽千百初無難稽首般若多心經請觀何處非般若

金山長老寳覺師真賛一首

望之儼然即之也温是惟寳覺大士之像因是識師是則非師因師識道道亦如是

資福白長老真賛一首

是是是是資福白老了身如空我如爾無一事長歡喜東坡有老居士見此真欲擬議未開口落第二有一語略相似門如市心如水

光道人真賛一首 字晏然

海口山顴犀顱鸖肩定眼水止秀眉月弦自一而兩至百億千即妄而真是真晏然

淨因淨照臻老眞贊一首

淨故能照爲照故淨亦如是身孰知其正四大是假此反爲眞從古聖賢所莫能分視彼如此凡賊皆子喜甲怒乙雖子猶賊人方自我物固相物是故東坡即此爲實

書楞伽經後一首

楞伽阿跋多羅寶經先佛所說微妙第一眞實了義故謂之佛語心品祖師達磨以付二祖曰吾觀震旦所有經教惟楞伽四卷可以印心祖祖相受以爲心法如醫之有難經句句皆理字字皆法後世達者神而明之如

槃走珠如珠走槃無不可者若出新意而弃舊學以為無用非愚無知則狂而已近歲學者各宗其師務從簡便得一句一偈自謂了證至使婦人孺子抵掌嬉笑争談禪悦高者為名下者為利餘波末流無所不至而佛法微矣譬如俚俗醫師不由經論直授方藥以之療病非不或中至於遇病輙應懸斷死生則與知經學古者不可同日語矣世人徒見其有一至之功或捷於古人因謂難經不學而可豈不誤哉楞伽義趣幽眇文字簡古讀者或不能句而况遺文以得義忘義以了心者乎此其所以寂寥於世幾廢而僅存也太子太保樂全先

生張公安道以廣大心得清淨覺慶曆中嘗爲滁州至
一僧舍偶見此經入手恍然如獲舊物開卷未終夙障
冰解細視筆畫手迹宛然悲喜太息從是悟入常以經
首四偈發明心要軾游於公之門三十年矣今年二月
過南都見公於私第公時年七十九幻滅都盡惠光渾
圜而軾亦老於憂患百念灰冷公以爲可教者乃授此
經且以錢三十萬使印施於江淮間而金山長老佛印
大師了元曰印施有盡若書而刻之則無盡軾乃爲書
之而元使其侍者曉機走錢塘求善工刻之板遂以爲
金山常住元豐八年九月日朝奉郎新差知登州軍州

兼管內勸農事騎都尉借緋蘇軾書

書黃魯直李氏傳後一首

無所厭離何從出世無所欣慕何從入道欣慕之至亡
子見父厭離之極尋雜出湯不極不至心地不淨如飯
中沙與飯皆熟若不含糊與飯俱嚥即須吐出與沙俱
弃善哉佛子作清淨飯淘米去沙終不能盡不如即用
本所自種元無沙米此米無沙亦不受沙非不受也無
受處故

書正信和尚塔銘後一首

太安楊氏世出名僧正信表公兄弟三人其一曰仁慶

故眉僧正其一曰元俊故極樂院主今太安治平院也皆有高行而表公行解超然晚以靜覺三人皆與吾先大父職方公吾先君中大夫遊相善也熙寧初軾以服除將入朝表公適卧病入室告别霜髮寸餘目光瞭然骨盡出如畫須菩提像可畏也軾盤桓不忍去表曰行矣何處不相見軾曰公能不遠千里相從乎表笑曰佛言生正信家千里從公無不可者然吾蓋未也已而果無恙至六年乃寂是歲軾在錢塘夢表若告别者又十五年其徒法用以其所作偈頌及塔記相示乃書其末

東坡集卷第四十